Perspectivas curriculares contemporâneas

EDITORA intersaberes

SÉRIE PROCESSOS EDUCACIONAIS

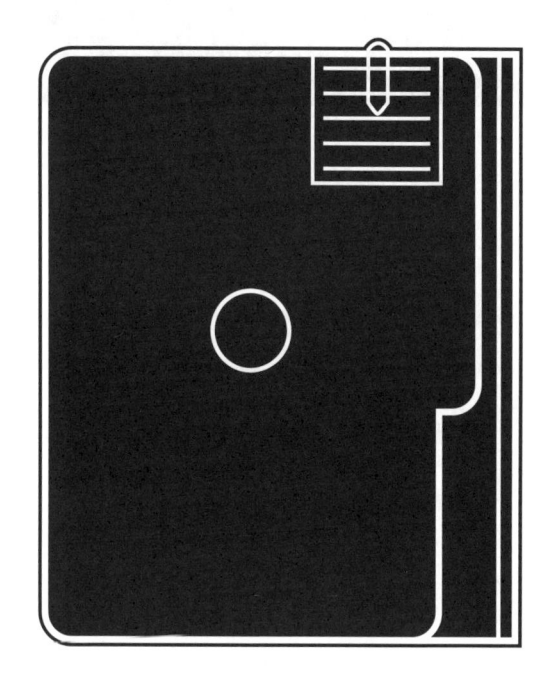

Monica Ribeiro da Silva

Perspectivas curriculares contemporâneas

EDITORA
intersaberes

Rua Clara Vendramim, 58 • Mossunguê
CEP 81200-170 • Curitiba • PR • Brasil
Fone: [41] 2106-4170
www.intersaberes.com
editora@editoraintersaberes.com.br

Conselho Editorial	Dr. Ivo José Both (presidente)
	Drª. Elena Godoy
	Dr. Nelson Luís Dias
	Dr. Neri dos Santos
	Dr. Ulf Gregor Baranow
Editor-chefe	Lindsay Azambuja
Editor-assistente	Ariadne Nunes Wenger
Revisão de texto	Gabriel Plácido Teixeira da Silva
Capa	Fernando Zanoni Szytko
Projeto gráfico	Frederico Santos Burlamaqui
Diagramação	Fernando Zanoni Szytko

Dados Internacionais de Catalogação na Publicação (CIP)
(Câmara Brasileira do Livro, SP, Brasil)

Silva, Monica Ribeiro da
    Perspectivas curriculares contemporâneas / Monica Ribeiro da Silva. –
Curitiba: InterSaberes, 2012. – (Série Processos Educacionais).

    Bibliografia.
    ISBN 978-85-65704-49-6

    1. Currículos – Avaliação 2. Currículos – Aspectos sociais
3. Currículos – Desenvolvimento 4. Currículos – Pesquisa
5. Currículos – Planejamento I. Título. II. Série.

12-06289   CDD-375

Índices para catálogo sistemático:
1. Perspectivas curriculares: Educação 375

1ª edição, 2013.

Foi feito o depósito legal.

Informamos que é de inteira responsabilidade da autora a emissão de conceitos.
Nenhuma parte desta publicação poderá ser reproduzida
por qualquer meio ou forma sem a prévia autorização da Editora InterSaberes.
A violação dos direitos autorais é crime estabelecido
na Lei nº 9.610/1998 e punido pelo art. 184 do Código Penal.

Sumário

Apresentação, 7

Introdução, 9

1 Concepções de educação e currículo: teoria e história, 11

1.1 Educação, currículo, indivíduo e sociedade, 13

1.2 As teorias do currículo, 18

2 Políticas curriculares para a educação básica e suas implicações para a organização pedagógica das escolas, 35

2.1 Políticas curriculares no contexto da reforma educacional da década de 1990, 38

2.2 Políticas curriculares atuais: as novas Diretrizes Curriculares Nacionais, 55

2.4 Políticas curriculares e cultura escolar: implicações para o trabalho pedagógico, 66

3 Currículo e projeto político-pedagógico, 75

3.1 Projeto político-pedagógico, currículo e a função social da escola, 78

3.2 O planejamento e a organização do trabalho pedagógico escolar, 85

3.3 Projeto político-pedagógico e proposta pedagógica, 87

3.4 Formas de organização do currículo e suas implicações na sala de aula: espaços, tempos, saberes e sujeitos, 89

4 A gestão da proposta pedagógica no espaço escolar, 99

4.1 As questões da objetividade nas ciências e do método, 102

4.2 A abordagem do método na perspectiva histórico-cultural, 106

4.3 Método e metodologia: pressupostos para pensar a organização do trabalho na escola, 107

4.4 O trabalho docente e o planejamento do ensino em uma perspectiva crítica de educação, 110

Considerações finais, 117
Referências, 119
Bibliografia comentada, 127
Anexos, 133
Respostas, 169
Nota sobre a autora, 171

Apresentação

O currículo é um tema de grande pertinência quando tratamos da formação de professores. Outrora negligenciado, ele tem adquirido uma centralidade cada vez maior na área pedagógica. Objeto de inúmeros estudos e pesquisas, o campo de estudo do currículo tem se ampliado, seja quanto às reflexões de natureza metodológica e epistemológica, seja quanto à análise das políticas e das práticas curriculares.

O presente livro está inserido na dinâmica acima apresentada, e com ele buscamos atender à necessidade de aprofundamento sobre esse assunto por parte de todos aqueles que se dedicam à tarefa de educar. Esta obra tem como objetivos situar você, estudante e leitor, no campo dos estudos curriculares e aprofundar a temática relativa ao planejamento da ação curricular.

Neste trabalho, partimos de uma discussão inicial, de natureza conceitual e filosófica, sobre educação e currículo e abordamos as teorias curriculares com base em uma perspectiva histórica; esse é o objetivo do primeiro capítulo. No segundo capítulo, apresentamos uma análise das políticas curriculares atuais e as implicações dessas políticas para a organização do trabalho pedagógico nas escolas. No terceiro capítulo, relacionamos currículo e projeto político-pedagógico (PPP) e, também, oferecemos sugestões para o processo de elaboração de propostas pedagógicas; nesse ponto, abordamos as formas de organização do currículo e suas implicações na sala de aula, considerando os múltiplos espaços, os tempos, os saberes e os sujeitos da atividade educativa. No quarto capítulo, ocupamo-nos da discussão sobre a gestão do currículo na sala de aula, o que traz à tona questões relativas ao processo de ensino-aprendizagem.

Ao final de cada capítulo, apresentamos uma síntese das ideias principais e, também, propomos atividades com o objetivo de aprofundar os assuntos abordados. Dessa forma, convidamos você a caminhar junto e a dialogar com as ideias aqui expostas, na esperança de trazer os aprofundamentos necessários sobre este campo tão importante e cativante: o das ideias sobre o currículo.

Considerando que, na atualidade, as Diretrizes Curriculares Nacionais para a Educação Básica estão passando por alterações relevantes, as quais reconfiguram toda a política curricular de abrangência nacional, entendemos ser pertinente e necessário apresentá-las no final desta obra, mostrando a mais recente diretriz – a Resolução nº 4, de 13 de julho de 2010 – e indicando para leitura as demais diretrizes, classificando-as por etapas e modalidades.

Introdução

O campo de estudo do currículo abrange um amplo espectro de temas relativos à educação. Além dos escritos de caráter conceitual e filosófico, que abordam questões de ordem epistemológica relativas à organização do conhecimento na escola e aos sujeitos do processo pedagógico, as discussões sobre currículo também têm buscado responder a questões de ordem organizativa e metodológica, relativas ao processo de ensino-aprendizagem. Outro tema que vem adquirindo relevância é a análise das políticas curriculares e suas implicações e tensões na cultura escolar consolidada. Isso porque o currículo vem adquirindo cada vez mais centralidade dentro das políticas educacionais.

É amplamente disseminada a ideia de que, quando falamos em *currículo*, estamos falando em um **posicionamento político-pedagógico** diante da tarefa de educar. Tal posicionamento adquire importância nos discursos e nas práticas implícitos nas ações, que vão do planejamento à avaliação do processo educativo.

Etimologicamente, a palavra *currículo* deriva do latim *currus*, cujo sentido original era "lugar de correr" ou "pista de corrida". Ainda que alguns estudiosos levem esse sentido ao pé da letra, como se aos 6 anos de idade, ou mesmo antes, devêssemos colocar as crianças em uma pista e sinalizar para que elas se movimentem, como se o processo de escolarização fosse uma grande competição – que teria, portanto, necessariamente de estabelecer vencedores e perdedores –, não é nessa perspectiva que entendemos o currículo.

O sentido de "lugar de correr" indica que o currículo é um **caminho**, um **percurso**. Enquanto tal, todos os que irão percorrê-lo precisam saber de onde estão partindo e aonde pretendem chegar. Dito de outro modo, precisamos conhecer bem as crianças, os adolescentes, os jovens e os adultos a quem destinamos nossas intenções de educar, bem como decidir quais métodos iremos utilizar e quais objetivos visamos alcançar.

1 Concepções de educação e currículo: teoria e história[1]

---

[1] Alguns trechos foram adaptados de Silva (2008b).

Este livro se dedica ao estudo do **currículo**[2]. Assim, julgamos importante, antes de qualquer outra consideração, questionar: Do que estamos tratando quando falamos em *currículo*? Devemos nos perguntar isso porque, ao longo da história, muitos foram os sentidos atribuídos a essa palavra. Para responder à pergunta, optamos por iniciar pelo que é mais amplo, o objeto do currículo: a **educação**.

Assim, no presente capítulo, ocuparemo-nos inicialmente de uma discussão conceitual sobre educação e currículo, situando-os ao longo da história. Em seguida, abordaremos as teorias sobre o currículo em suas perspectivas tradicionais, críticas e pós-críticas. Com isso, pretendemos mostrar a trajetória percorrida pelo pensamento sobre essa temática e evidenciar a ideia do currículo como algo impregnado pelas relações de poder existentes na sociedade e na escola.

1.1 Educação, currículo, indivíduo e sociedade

Entendemos por *educação* o processo que se realiza nos mais diferentes espaços, inclusive nas escolas, mas não somente nelas. Ainda assim, é certo que nas sociedades urbanas e

---

2   *Currículo* é uma palavra polissêmica, carregada de sentidos construídos em tempos e espaços sociais distintos. Sua evolução não obedece a uma ordem cronológica, mas se deve às contradições de um momento histórico, assumindo, portanto, vários significados em um mesmo momento. (Kramer, 2002, p. 75)

industrializadas a escola se institui como um lugar privilegiado para a realização do processo educativo.

Álvaro Vieira Pinto (1997) desenvolve uma reflexão bastante aprofundada sobre o conceito de **educação**. Esse autor toma como ponto de partida o caráter histórico-antropológico da educação e desenvolve um conjunto de argumentos que nos leva a compreender a educação como um processo histórico que se realiza em dois sentidos: o ontogenético e o filogenético.

> No **fato existencial** (sentido ontogenético), a educação é o processo por meio do qual cada indivíduo adquire sua essência, sua condição propriamente humana; já no **fato social** (sentido filogenético), a educação é a ação por meio da qual a sociedade reproduz a si mesma.

> O currículo se constitui, desse modo, em elemento de mediação entre os sujeitos – professores e alunos – e entre estes e o conhecimento.

Nesse processo está contida uma contradição: a educação gera, ao mesmo tempo, a conservação e a transformação do indivíduo e da sociedade. Além dessas conclusões, o autor mostra que a educação é uma **atividade teleológica**, isto é, orienta-se, sempre, para alcançar um fim. A educação é, ainda, um **processo exponencial**, pois se multiplica por si mesma com sua própria realização. Assim, expressa-se como fenômeno cultural e é, por natureza, contraditória, ou seja, implica simultaneamente **conservação** e **criação** (Pinto, 1997).

Com base nessa conceituação de educação, podemos entender por currículo a forma pela qual a escola define as intencionalidades educacionais e busca realizá-las, tendo como objetivo formar os sujeitos que dela participam na condição de educandos. O currículo se constitui, desse modo, em **elemento de mediação** entre os sujeitos – professores e alunos – e entre estes e o conhecimento.

A educação pode ser ainda entendida como o processo por meio do qual se produzem a identidade e a diferença entre os indivíduos. Pela mediação da cultura[3], homens e mulheres estabelecem entre si uma identidade, o que os leva a tornarem-se semelhantes; mas, pelas mediações subjetivas, também inerentes a esse processo, tornam-se diferentes uns dos outros. Esse é um processo contínuo, intercomplementar, que ocorre ao mesmo tempo e ao longo de toda a vida.

Com isso, e reconhecendo o caráter histórico-cultural da educação, discutiremos o modo pelo qual ela se processa na sociedade atual, marcada pela centralidade da escola e, portanto, do currículo, diante dos processos formativos. Buscamos evidenciar como esses processos se consolidam pela mediação das práticas curriculares, ressaltando, assim, a dimensão teleológica da educação. Dessa dimensão decorrem as ações que se procura concretizar nas escolas, as ações sustentadas nas concepções que informam os currículos e nas práticas decorrentes – ou não – dessas concepções.

Na medida em que a educação decorre dessa sua condição histórica e cultural, podemos reconhecer essa mesma condição quando analisamos os processos educativos que ocorrem no interior da escola. Em nossa sociedade, marcada por processos planejados e controlados de trabalho e de organização da vida social, identificamos nas formas de organização do trabalho pedagógico escolar essa mesma lógica. Na escola, a organização do trabalho tem se pautado fortemente pela reprodução de uma lógica instrumental que institui, na escolarização, o privilégio de sua dimensão técnica e conservadora, que se sobrepõe àquela dimensão emancipatória própria do fenômeno educativo; tal dimensão seria capaz de realizar no indivíduo seu potencial de diferenciação. Dito de outro modo, a escola tem privilegiado o aspecto da adaptação dos indivíduos à sociedade, deixando de lado processos que poderiam ir além dessa adaptação, ainda que se reconheça que o ajuste também é necessário.

A escola, em sua forma histórica atual, é originária da formação social burguesa, que delegou às práticas escolares a finalidade

---

3   A **cultura** é o elemento de mediação entre o indivíduo e a sociedade, isto é, entre sujeito e objeto no processo formativo; nessa perspectiva, a cultura é entendida como tudo aquilo que é praticado pela humanidade na produção de sua existência material (como o trabalho) e imaterial (como as ciências, as artes etc.).

de gerar processos de adaptação dos indivíduos a essa sociedade, e desse modo estabeleceu a preponderância de seu caráter conservador e conformador:

> O modo como a instituição escolar tem se organizado tem reforçado mecanismos geradores de adaptação e dominação. A razão que demarca objetivos, metas e finalidades, impõe, *a priori*, os desígnios de formação individual. A reprodução memorizada dos bens culturais submete o comportamento aos modelos facilmente consumíveis da indústria cultural e remete, sem culpa, à aceitabilidade da padronização e da massificação. As formas de pensar geradas pelo modo como se organizam os saberes escolares, sua lógica disciplinar e prescritiva, moldada pelo esclarecimento fundante das modernas ciências naturais, sedimentam modos de aprender pela repetição, memorização e reprodução das ideias alheias. O objeto da aprendizagem, um conhecimento fragmentado, cindido, mas legitimado pelo *status* de *ciência*, tem conduzido a formalidade das práticas escolares e curriculares a procedimentos que parecem ter sua lógica submetida exclusivamente a eles mesmos. (Silva, 2001, grifo do original)

A origem dessa concepção de escola encontra-se nas transformações que deram início à formação social burguesa. Coube à escola zelar pela inserção de todos os indivíduos nas relações sociais então em construção; competiu a ela, ainda, o papel de produzir "consumidores", por meio da disseminação de hábitos, valores e ideias próprios dessa sociedade. Por fim, foi atribuída à escola a promoção de um contexto social favorável ao acúmulo de capital (Dale, 1988).

Na instituição escolar, podemos observar a convivência entre diferentes modos de ser, de pensar e de se expressar. Essas formas, nas quais é possível visualizar as marcas do indivíduo, são permanentemente submetidas aos modos de ser, de pensar e de se expressar dos grupos dominantes. Desse modo,

> a escola torna-se uma poderosa agência para transmitir as forças que desvitalizam os homens. A alienação de raízes existenciais acrescenta a alienação socialmente produzida. Realiza, assim, como instituição social, uma intensificação da racionalidade instrumental, opressiva e repressiva. Em lugar de contribuir para emancipar o homem, aprisiona-o nos moldes de pensar e agir típicos do capitalismo. [...], no entanto, é uma agência poderosa para emancipação do homem. (Ramos-de-Oliveira, 1995, p. 136)

Theodor Adorno, filósofo alemão, assevera que esse modo de organizar a escola culmina em uma educação que não se realiza plenamente no indivíduo: realiza-se como **semiformação**. A semiformação é entendida como a educação que prioriza um aspecto da formação, o da **adaptação**, que possibilita o controle, e não realiza o outro aspecto, o da **emancipação**, capaz de conduzir à reflexão e à crítica:

> A adaptação não ultrapassa a sociedade, que se mantém cegamente restrita. A conformação às relações se debate com as fronteiras do poder. Todavia, na vontade de se organizar essas relações de uma maneira digna de seres humanos, sobrevive o poder como princípio que se utiliza da conciliação. Desse modo, a adaptação se reinstala e o próprio espírito se converte em fetiche, em superioridade do meio organizado universal sobre todo fim racional e no brilho da falsa racionalidade vazia. Ergue-se uma redoma de cristal que, por se desconhecer, julga-se liberdade. E essa consciência falsa amalgama-se por si mesma à igualmente falsa e soberba atividade do espírito. (Adorno, 1996, p. 390-391)

Com base nessas premissas, partimos, assim, da definição de currículo como "a porção da cultura – em termos de conteúdos e práticas (de ensino, avaliação etc.) – que, por ser considerada relevante num dado momento histórico, é trazida para a escola" (Veiga-Neto, 2002, p. 44). Nesse sentido, de acordo com Williams, citado por Veiga-Neto (2002), o currículo refere-se àquela porção da cultura que se tornou **escolarizada**. Disso podemos concluir que há uma estreita relação entre o currículo e a cultura da qual ele é referência,

> de modo que ao analisarmos um determinado currículo, poderemos inferir não só os conteúdos que, explícita ou implicitamente, são vistos como importantes naquela cultura, como, também, de que maneira aquela cultura prioriza alguns conteúdos em detrimento de outros, isto é, podemos inferir quais foram os critérios de escolha que guiaram os professores, administradores, curriculistas etc. que montaram aquele currículo. Esse é o motivo pelo qual o currículo se situa no cruzamento entre a escola e a cultura. (Veiga-Neto, 2002, p. 44)

O currículo, por sua dimensão essencialmente **prescritiva** ou **normativa**, é o elemento da organização escolar que mais incorpora a racionalidade dominante na sociedade atual e está impregnado da lógica marcada pela competição e pela adaptação da formação humana às razões do mercado de trabalho, do consumo e da produção de bens e serviços. Isso se evidencia no conjunto de teorias que têm, ao longo da história, tentado explicar as práticas de organização curricular.

1.2 As teorias do currículo

Ao longo do tempo, o currículo foi entendido de diversas formas: de sua compreensão como elenco de conteúdos organizados por critérios técnicos à compreensão mais contemporânea como a seleção da cultura e do currículo como prática de significação. Dessa forma, nas sessões seguintes desenvolvemos uma discussão conceitual sobre a educação, a escola e o currículo, com o intuito de situar o estudante e o leitor na dinâmica da história e das ideias pedagógicas.

1.2.1 As teorias tradicionais

As teorias sobre o currículo remontam ao início do século XX. Silva (2000) localiza sua origem no ano 1918, com a publicação do livro *The Curriculum*, de John Franklin Bobbitt, nos Estados Unidos da América (EUA). Nessa época, a sociedade norte-americana encontrava-se em franco desenvolvimento, o que impulsionava mudanças de ordem econômica, política e cultural. Essas mudanças explicam o interesse em adaptar a educação escolar ao contexto da educação das massas.

As proposições de Bobbitt assemelham-se em muito aos princípios adotados pela gestão do trabalho industrial, inspirados em Frederick W. Taylor. Para Bobbit, o trabalho pedagógico escolar deveria ser organizado à semelhança do trabalho industrial. Assim, a escola deveria, por meio do currículo, especificar rigorosamente os resultados que pretenderia alcançar, assim como explicitar com exatidão os métodos que utilizaria e os mecanismos de mensuração que permitiriam saber se os resultados desejados foram ou não alcançados. De modo sintético, as proposições de Bobbit levariam o sistema educacional a estabelecer seus objetivos com base nas demandas de formação solicitadas pelo mercado de trabalho. Os principais fundamentos desse autor são a economia e a racionalidade da lógica mercantil, bem como está respaldado, ainda, na psicologia experimental de Edward Thorndike (Silva, 2000).

Silva (2000) observa que, mesmo que a origem das teorias curriculares se situe no quadro dessa racionalidade, não se pode ignorar que outras proposições, de caráter menos economicista, também tomaram o currículo como foco de análise. Como exemplo, temos a obra de John Dewey, citado por Silva (2000), intitulada *The Child and the Curriculum*, de 1902. Dewey chama a atenção para a necessidade de uma escola que se ocupasse em formar pessoas para a democracia, mais do que para a economia. Nesse sentido, propõe considerar também os interesses e as experiências vividas pelos alunos e indica que o planejamento curricular deveria assegurar a vivência de princípios democráticos. Contudo, as ideias formuladas por Dewey não se tornaram, naquele momento, a principal referência nas discussões sobre currículo. A abordagem proposta por Bobbitt é que prevalecia nesse intento.

> As proposições de Bobbit levariam o sistema educacional a estabelecer seus objetivos com base nas demandas de formação solicitadas pelo mercado de trabalho.

Nas análises de Bobbitt, o currículo adquire uma dimensão organizacional e burocrática, associada à ideia de **eficiência social**. Segundo Lopes (2001, p. 74), "Na história do currículo, as teorias da eficiência social têm seu desenvolvimento inicial associado aos trabalhos de Franklin Bobbitt e Werret Charters, e seu ápice associado ao trabalho de Ralph Tyler". Além disso, o eficienticismo proposto por Bobbitt "visava alcançar a eficiência burocrática na administração escolar a partir do planejamento do currículo e o fazia transferindo as técnicas do mundo dos negócios, marcado pela lógica de Taylor, para o mundo da escola" (Lopes, 2001, p. 74).

Essa perspectiva eficienticista atribuída à escola e ao currículo torna-se ainda mais elaborada nas postulações de Ralph Tyler, em 1949, também nos EUA, que teve ampla divulgação nos cursos de formação de professores no Brasil. Tyler recuperou muitos dos princípios formulados por Bobbitt, entre eles a ênfase na proposição dos objetivos (Lopes, 2001). A organização e o desenvolvimento curricular, noções centrais no modelo de Tyler, deveriam se orientar por quatro questões básicas (Silva, 2000, p. 22):

> 1. Que objetivos educacionais a escola deve procurar atingir?
> 2. Que **experiências** educacionais podem ser oferecidas que tenham probabilidade de alcançar esses propósitos?
> 3. Como organizar eficientemente essas experiências educacionais?
> 4. Como podemos ter a certeza de que esses objetivos estão sendo alcançados?

Essas questões dizem respeito tanto aos objetivos que deverão ser atingidos quanto à organização, de maneira eficiente, das experiências a serem oferecidas, bem como à avaliação de que os objetivos foram de fato atingidos.

A preocupação com os objetivos do ensino prevalece sobre as demais e se constitui um dos fundamentos da **pedagogia por objetivos**, dominante nos EUA nos anos 1960 e 1970 e difundida igualmente no Brasil sob a forma do tecnicismo. A institucionalização da pedagogia por objetivos, no entanto, ocorre ao mesmo tempo em que se desenha a crítica a seus pressupostos e a seus métodos.

1.2.2 As teorias críticas do currículo

Contrapondo-se às perspectivas tradicionais do currículo, as teorias críticas têm início e se expandem ao longo dos últimos 40 anos. Entre estas estão, por exemplo, as ideias de Paulo Freire, Louis Althusser, de Pierre Bourdieu e Jean-Claude Passeron, Samuel Bowles e Herbert Gintis, Christian Baudelot e Roger

Establét, entre outros teóricos. O principal mérito dessas teorias é o de realizar uma inversão dos fundamentos das teorias tradicionais (Silva, 2000, p. 26), ou seja, as teorias críticas invertem as perspectivas colocadas pelos enfoques tradicionais ao realizar os necessários questionamentos com relação à formação social dominante.

Nas propostas de Bobbitt e Tyler, prevalece a ideia de uma adaptação da ordem escolar à ordem social vigente. Nesse sentido, o currículo ocupar-se-ia de prescrever a melhor forma de organização do conhecimento na escola, que atendesse a esse desígnio; trata-se, assim, de uma questão técnica. O que as teorias críticas do currículo vão mostrar é o quanto a organização curricular está além dessa dimensão técnica e instrumental. Os dispositivos curriculares – ou seja, o modo como o conhecimento se situa no interior do processo educativo – são selecionados e transpostos didaticamente, de modo a se constituírem em objeto da formação e a abarcarem dimensões culturais amplas, como as relações econômicas, de poder, de gênero e etnia etc.

O modo como o conhecimento produzido se converte em saber escolar é um dos focos privilegiados nas análises críticas sobre o currículo. Apoiando-se na crítica marxista à sociedade capitalista – em especial nos estudos de Raymond Williams e de Antonio Gramsci –, Michael Apple (1982) destaca a íntima relação entre economia e cultura e entre economia e currículo, evidenciando que existe uma conexão clara entre o modo como se organiza a produção de mercadorias e o modo como se organiza o currículo. Esse autor ressalta, no entanto, que os vínculos entre economia e educação não se consolidam de forma determinista, mas são mediados pela ação humana no processo de formação, ou seja, esses vínculos são produzidos, construídos e criados na atividade cotidiana das escolas (Apple, 1982, p. 11). Conforme Silva (2000, p. 46), Apple busca no conceito de **hegemonia** de Antonio Gramsci o apoio para seus argumentos:

> É o conceito de hegemonia que permite ver o campo social como um campo contestado, como um campo onde os grupos dominantes se veem obrigados a recorrer a um esforço permanente de convencimento ideológico para manter a sua dominação. É precisamente através desse esforço de convencimento que a dominação econômica se transforma em hegemonia cultural. Esse convencimento atinge

a sua máxima eficácia quando se transforma em senso comum, quando se naturaliza. O campo cultural não é um simples reflexo da economia: ele tem a sua própria dinâmica. As estruturas econômicas não são suficientes para garantir a consciência; a consciência precisa ser conquistada no seu próprio campo.

Uma das ideias centrais na análise de Apple é a de **currículo oculto**, usada pelo autor para "entender as formas complexas em que as tensões e contradições sociais, econômicas e políticas são 'mediadas' nas práticas concretas dos educadores" (Apple, 1982, p. 11). Essa proposição permitiu que esse autor chegasse à compreensão de que o currículo não se reduz à definição das intenções da formação, o que se explicita em determinadas formas de planejar as ações educativas, usualmente denominadas de *proposta pedagógica* ou *proposta curricular*.

O currículo comporta, assim, pelo menos três dimensões: uma **prescritiva**, na qual se formalizam as intenções e os conteúdos da formação (o texto da proposta pedagógica ou curricular); uma **real**, na qual esse currículo prescrito ganha materialidade, por meio das práticas colocadas em movimento nos processos educativos que se realizam no interior das salas de aula; e, ainda, o currículo **oculto**, que surge das relações entre educandos e educadores nos momentos formais e informais dos inúmeros encontros nos quais eles trocam ideias e valores, momentos que também se convertem em conteúdos da formação desses indivíduos, ainda que essa intencionalidade não seja explicitada. Essas formulações partem do pressuposto de que "a estruturação do conhecimento e do símbolo em nossas instituições educacionais está intimamente relacionada aos princípios de controle social e cultural" (Apple, 1982, p. 10).

O currículo, para as perspectivas críticas, é também um campo de resistência. Paul Willis (1991), em seu livro *Aprendendo a ser trabalhador: escola, resitência e reprodução*, mostra que o fato de jovens da classe operária dirigirem-se para ocupações dessa mesma classe não se deve a razões determinadas de modo imediato por sua condição econômica, mas que essa é uma destinação criada culturalmente. Esse autor assevera ainda que, se é uma criação cultural, ela pode voltar-se para uma formação assentada na resistência e não na subordinação. Essa perspectiva da resistência será amplamente trabalhada também por Henry Giroux.

O currículo como campo de resistência é explorado por Giroux, citado por Silva (2000), desde suas primeiras produções, como os livros *Ideology, Culture and the Process of Schooling*, de 1981, e *Theory and Resistance in Education*, de 1983. A estruturação de sua perspectiva analítica recorre aos escritos da Escola de Frankfurt, em especial os de Theodor Adorno, Max Horkheimer e Herbert Marcuse. Segundo Giroux, as perspectivas curriculares dominantes pautam-se em uma racionalidade técnica e instrumental, que imputa ao currículo uma dimensão utilitarista, visando atender a critérios de eficiência fundados em uma racionalidade burocrática que ignora as dimensões histórica, ética e política do currículo e do conhecimento (Silva, 2000, p. 51-52). A preocupação em compor uma teoria da resistência deve-se também às limitações percebidas nas **teorias da reprodução**[4] divulgadas à época (Silva, 2000, p. 53).

> O currículo, para as perspectivas críticas, é também um campo de resistência.

Recorrer aos autores frankfurtianos possibilitou a Giroux produzir uma crítica à epistemologia[5] implicada na razão instrumental e que tem favorecido práticas escolares que conduzem à dominação e à alienação. Segundo esse autor, tal epistemologia, bem como a crítica a ela, é aprendida quando se recorre à **teoria da cultura** presente na perspectiva colocada por Adorno, Horkheimer e Marcuse:

> A teoria da cultura da Escola de Frankfurt oferece novos conceitos e categorias para a análise do papel que a escola representa como agente da reprodução social e cultural. Esclarecendo a relação entre poder e cultura, aqueles teóricos oferecerem uma visão da maneira

---

4   Silva (2000) assinala que, quando tem início a produção de Giroux e de Apple, bem como de outros contemporâneos destes autores, estão sendo divulgados os estudos de Althusser, Bourdieu e Passeron, Bowles e Gintis, entre outros, vistos por aqueles autores como sendo portadores de "rigidez estrutural e consequências pessimistas". Por essa razão, os trabalhos iniciais de Giroux ocupam-se de uma cuidadosa crítica a essas abordagens e buscam propor alternativas no sentido de evidenciar que na escola se constroem mediações que podem exercer uma ação contrária à lógica de poder e de controle instituída.

5   *Epistemologia*, nesse contexto, refere-se à lógica pela qual o conhecimento é organizado e tratado. Na perspectiva do uso instrumental da razão, o conhecimento é fragmentado, cindido e hierarquizado segundo critérios que atendam aos interesses dos grupos dominantes na sociedade.

pela qual as ideologias dominantes são constituídas e mediadas por formações culturais específicas. O conceito de cultura nesta visão existe em uma relação particular com a base material da sociedade e o valor explanatório de tal relação será encontrado ao problematizar-se o conteúdo específico de uma cultura, sua relação com os grupos dominantes e dominados, bem como a gênese histórico-social do *ethos* e das práticas culturais legitimadoras e de seu papel na constituição de relações de dominação e resistência. (Giroux, 1983, p. 28, grifo do original)

Para uma teoria crítica da escolarização, dois conceitos são centrais para se analisar o currículo: o de **emancipação** e o de **libertação** (Giroux, 1983). Dessa forma, a escola deve favorecer a tomada de consciência quanto às relações de poder e de controle presentes nas instituições. Essa é uma condição fundamental para um processo pedagógico que tenha como alvo a emancipação. Torna-se fundamental, assim, discutir o modo como as relações de poder e de dominação são institucionalizadas, bem como as possibilidades de se criar resistência a elas. A análise do modo como se institui uma **política cultural** permite evidenciar que o currículo se compõe pela construção de significados e de valores culturais, e que estes estão relacionados à dinâmica de produção do poder. Existe, portanto, uma disputa pelos significados que são, ao mesmo tempo, impostos e contestados (Silva, 2000).

Para ilustrar essas ideias, devemos lembrar, por exemplo, o quanto a educação tem se organizado com base em valores próprios da sociedade, que, por sua vez, tem nas relações de mercado sua sustentação, como é o caso da valorização da competição, presente muitas vezes de forma explícita tanto nas intenções quanto nas práticas efetivadas nas escolas. Competição e formação humana guardam entre si uma contradição fundamental, como assevera Adorno (1995, p. 161):

> Partilho inteiramente do ponto de vista segundo o qual a competição é um princípio no fundo contrário a uma educação humana. De resto, acredito também que um ensino que se realiza em formas humanas de maneira alguma ultima o fortalecimento do instinto de competição. Quando muito é possível educar desta maneira esportistas, mas não pessoas desbarbarizadas.

Souza et al. (2005, p. 12) apresentam a perspectiva do currículo com base em Freire:

> A perspectiva do currículo como um campo de resistência, foi evocada também por Paulo Freire. As influências do pensamento freiriano se fizeram destacar tanto no que se refere à pedagogia da possibilidade, quanto pela problematização das relações entre pedagogia e política. Conforme Silva (2000), Paulo Freire antecipa uma abordagem pós-colonialista do currículo, quando privilegia a perspectiva epistemológica dos povos dominados, o que faz com maestria em "Pedagogia do Oprimido" ou em "A importância do ato de ler".

Nas palavras do próprio Freire (1986, p. 28):

> Mas se, do ponto de vista crítico, não é possível pensar sequer a educação sem que se pense a questão do poder; se não é possível compreender a educação como uma prática autônoma ou neutra, isto não significa, de modo algum, que a educação sistemática seja uma pura reprodutora da ideologia dominante. [...] A educação reproduz a ideologia dominante, é certo, mas não faz apenas isto. Nem mesmo em sociedades altamente modernizadas, com classes dominantes realmente competentes e conscientes do papel da educação, ela é apenas reprodutora da ideologia daquelas classes. As contradições que caracterizam a sociedade como está sendo penetram a intimidade das instituições pedagógicas em que a educação sistemática se está dando e alteram o seu papel ou o seu esforço reprodutor da ideologia dominante.

Freire (1986) chama a atenção, sobretudo, para o quanto as decisões sobre currículo e educação são perpassadas por relações de poder; afirma, desse modo, a não neutralidade do fazer pedagógico e a dimensão contraditória da educação, ao mesmo tempo a serviço da manutenção e da transformação das relações sociais.

1.2.3 As teorias pós-críticas do currículo

Em um contexto mais recente do debate sobre o currículo, vimos emergir um conjunto de ideias que são conhecidas como *teorias pós-críticas do currículo*.

Em *Documentos de identidade: uma introdução às teorias do currículo*, Silva (1999a), partindo da crítica à ideia de teoria como forma de descoberta do real e afirmando o pensamento de que essa construção abstrata, ao tentar descrever um objeto, está, na verdade, inventando-o, relativiza o papel da teoria de modo geral e, em particular, das teorias do currículo. Esse autor tem como base o movimento intitulado *pós-estruturalismo*, vertente para a qual o discurso produz seu objeto. Assim, ao produzir um discurso sobre o currículo, ele manifestaria visões particulares do pensamento sobre currículo e estaria profundamente marcado pela questão do poder. Para Silva (1999a, p. 16), "as teorias críticas e pós-críticas de currículo estão preocupadas com as conexões entre saber, identidade e poder".

> Ao produzir um discurso sobre o currículo, o discurso manifestaria visões particulares do pensamento sobre currículo e estaria profundamente marcado pela questão do poder.

Assim, tanto as teorias tradicionais quanto as teorias críticas e pós-críticas teriam criado conceitos a elas relacionados que demarcariam suas posições em relação ao vasto campo que compõe a discussão sobre o currículo. Nessa perspectiva, tais conceitos organizariam e estruturariam o olhar sobre a realidade.

Reproduzimos mais adiante o quadro formulado por Silva (2000), com o objetivo de evidenciar essa disposição para a sistematização no campo das teorias curriculares e os conceitos próprios de cada uma das principais teorias. Nesse quadro, Silva (2000) identifica para cada um dos grupos das teorias do currículo (tradicionais, críticas e pós-críticas) algumas palavras-chave que podem identificá-las. No entanto, tais palavras não são portadoras de definições absolutas nem são extemporâneas. Por essa razão, precisamos, tal qual o autor, relativizar os sentidos e o lugar que ocupam dentro das teorias educacionais, entendendo que os significados das palavras também resultam das relações de poder, das correlações de força em disputa diante dos enunciados de um projeto de formação.

Quadro 1.1 – Teorias do currículo: palavras-chave

Teorias tradicionais

Ensino
Aprendizagem
Avaliação
Metodologia
Didática
Organização
Planejamento
Eficiência
Objetivos

Teorias críticas

Ideologia
Reprodução cultural
Poder
Classe social
Capitalismo
Relações sociais de produção
Conscientização
Emancipação e libertação
Currículo oculto
Resistência

Teorias pós-críticas

Identidade
Alteridade
Diferença
Subjetividade
Significação e discurso
Saber-poder
Representação
Cultura
Gênero
Raça
Etnia
Sexualidade
Multiculturalismo

Fonte: Silva, 2000, p. 12.

Gandin, Paraskeva e Hypolito (2002), em entrevista a Silva, relatam que buscam compreender a afirmação de que as teorias críticas estariam vivendo um processo de esgotamento e de que estaríamos diante da necessidade de buscar novas possibilidades de interpretação dos processos educativos. Nessa entrevista, Silva explicita os princípios por ele formulados para uma teoria pós-crítica do currículo:

> a ideia de crítica supõe algum critério, alguma norma, alguma baliza, algum fundamento, relativamente aos quais justamente a crítica se faz. [...] Esse sentido de crítica exige, parece-me, algum apoio em um chão – uma fundação – a partir do qual, e relativamente ao qual, se questiona aquele *status quo*. Em suma, a noção de crítica, nesse sentido, exige um centro, um ponto estável, uma referência certa. Ora, é justamente a possibilidade de existência de um tal centro, de um tal ponto, de uma tal referência, que é colocada em questão pelas perspectivas, vá lá, "pós-críticas". Nesse sentido, elas claramente não têm nada de "críticas", pois o que elas colocam em questão é precisamente a própria noção de "crítica". Agora, supor que dizer isso significa afastar qualquer possibilidade de pensamento ou de ação política significa aceitar simplesmente as definições de pensamento e de política explícita ou implicitamente formuladas pelas chamadas teorias críticas, as quais, supõem, precisamente, aquele ponto de apoio, aquele centro – firme, estável e certo. Mas tirar o ponto de apoio não implica deixar de pensar ou de agir. (Gandin; Paraskeva; Hypolito, 2002, p. 6, grifo do original)

Silva afirma que, ao seu modo de ver, as teorias críticas continuam pertinentes, dependendo do objeto do qual se ocupam. Ele alerta, porém, para os riscos de um comodismo intelectual que delas poderia advir:

> Elas ainda podem ser consideradas como uma das perspectivas indispensáveis para a concepção e a análise da educação. Assim, por exemplo, não se pode simplesmente desconsiderar, sem prejuízos analíticos consideráveis, a compreensão, desenvolvida sobretudo pela sociologia da educação de inspiração marxista, de que a educação tem um papel central na dinâmica de reprodução social. Da mesma forma, para citar um outro exemplo, não se pode ignorar os penetrantes *insights* de Bourdieu e Passeron em sua análise do papel da educação no processo de reprodução cultural. Não se trata de teorias que tenham sido superadas ou sucedidas por outras mais "verdadeiras". Essas perspectivas ampliaram nossa compreensão do que acontece na educação e com a educação e não se tornaram agora

"desacreditadas" simplesmente porque, nesse meio tempo, desenvolvemos e aprendemos novas teorias. Mas isto não significa, tampouco, que certos aspectos dessas perspectivas não possam ser questionados, revistos e reconsiderados. O centro do trabalho intelectual está precisamente no movimento. E é aqui que vejo uma certa acomodação daqueles intelectuais da educação que ainda se consideram herdeiros da perspectiva "crítica". (Gandin; Paraskeva; Hypolito, 2002, p. 4, grifo do original)

Assim, as teorias pós-críticas se ocupariam essencialmente de três ordens de questões: "a questão do conhecimento e do pensamento, a questão da subjetividade e da subjetivação e a questão do poder ou da força" (Gandin; Paraskeva; Hypolito, 2002, p. 8). O tratamento dessas questões privilegiaria uma abordagem centrada mais na diferença do que na identidade, sendo que essa perspectiva é central para as teorias pós-críticas.

Síntese

Compreender o currículo como portador de uma razão que privilegia a adaptação, mas que, contraditoriamente, ao mesmo tempo, comporta a possibilidade de emancipação, permite-nos encarar a escola como depositária das contradições que permeiam a sociedade. Ajuda-nos ainda a entender, nela, as relações entre indivíduo e sociedade como relações historicamente construídas. Nesse sentido, as escolas não são simplesmente alvo das proposições externas, presentes, por exemplo, nas reformas educacionais; o currículo e a escola não se submetem simplesmente aos interesses da economia ou da política, pois se constituem em instâncias mediadas pelas contradições sociais que, ao fortalecer o aspecto da adaptação, contêm em si a possibilidade de uma formação voltada para a resistência e para a emancipação. Para isso, é preciso privilegiar a prática da reflexão por parte de educandos e de educadores; o exercício do pensamento crítico precisa se converter no objeto da formação, pois conforme assevera Adorno (1996), aquele que pensa, impõe resistência.

Neste capítulo, realizamos uma discussão de caráter conceitual e filosófico sobre a educação e sobre as relações entre indivíduo sociedade. Destacamos o papel da mediação que a escola e o currículo exercem no processo de formação humana, o qual tem na cultura seu conteúdo por excelência. A cultura, nesse sentido, é compreendida como toda produção humana, seja de ordem material (como o trabalho), seja de ordem imaterial (como a ciência, as artes etc.).

Vimos, ao longo do capítulo, como o currículo foi sendo teorizado: de uma perspectiva essencialmente técnica até abordagens críticas e pós-críticas. As teorias do currículo estão presentes na formação de professores e marcam, igualmente, as decisões sobre as políticas educacionais. Sendo assim, por seu caráter de não neutralidade e por ser tratar de uma questão de "poder" que indica rumos para a formação dos indivíduos, a política curricular é, também, uma **política cultural**.

Indicações culturais

Filme

ESCRITORES da liberdade. Direção: Richard LaGravenese. Produção: Danny DeVito, Michael Shamberg, Stacey Sher. Alemanha/EUA: Paramount Pictures, 2007. 122 min.

Inúmeros filmes, músicas e obras literárias oferecem oportunidade para que possamos ampliar nossas referências acerca da temática abordada neste capítulo. Sobre a relação entre alunos e conhecimento, mediada por professores e professoras, e sobre as relações de poder na escola, sugerimos que você assista a esse filme. Nele, podemos ver como a paixão pela arte de ensinar e o respeito pela diversidade guia uma professora em meio a situações desfavoráveis. Determinada em seus objetivos, ela consegue despertar em seus jovens alunos o encantamento pelo aprendizado e pela conquista em se tornar seres humanos plenos de sentido, ao recuperarem o respeito pela vida. Por meio do filme, é possível refletir sobre os caminhos escolhidos pela professora e sobre as razões que levam seus alunos a se aproximarem uns dos outros e a ultrapassarem as barreiras de um processo de escolarização que os fazia acreditar ser incapazes.

Atividades de autoavaliação

Responda às questões a seguir e depois compare-as com o texto. Faça uma análise dos resultados dessa comparação. Retome o texto se necessário e recorra à bibliografia comentada ao final da obra.

1. Tendo em vista as concepções norteadoras da discussão sobre currículo realizadas no Capítulo 1, assinale verdadeiro (V) ou falso (F) nas alternativas a seguir:

    ( ) Na escola, devido à lógica instrumental da organização do trabalho pedagógico, tem-se valorizado mais a emancipação do que a adaptação.

    ( ) As teorias tradicionais do currículo negam a neutralidade do conhecimento e, por essa razão, atribuem ao currículo um caráter técnico.

    ( ) Para as teorias críticas do currículo, as perspectivas dominantes ignoram as dimensões histórica, ética e política do currículo e do conhecimento.

    ( ) As teorias pós-críticas do currículo são assim denominadas porque divergem radicalmente das teorias críticas.

2. Considere as afirmações a seguir sobre as ideias de Álvaro Vieira Pinto (1997):

    I.   Enquanto fato social (sentido filogenético), a educação torna-se ação por meio da qual a sociedade reproduz a si mesma.

    II. A educação é uma atividade teleológica porque seus fins são universais.

    III. A educação é ainda um processo exponencial, uma vez que se multiplica por si mesma com sua própria realização.

    Assinale a alternativa correta:
    a) Somente I e II estão corretas.
    b) Somente II e III estão corretas.
    c) Somente I e III estão corretas.
    d) Todas as afirmativas estão corretas.

3. A escola e seus processos são construções históricas. Considerando esse pensamento, assinale verdadeiro (V) ou falso (F) nas afirmações a seguir:

( ) A escola moderna, desde a sua origem, tem combatido com veemência os modos de aprender pela repetição, bem como a memorização e a reprodução das ideias alheias.

( ) O modo como a instituição escolar tem se organizado reforça mecanismos geradores de adaptação e de dominação.

( ) Os modos pelos quais se organizam os saberes escolares são marcados por uma lógica disciplinar e prescritiva.

( ) A racionalidade que define *a priori* as finalidades da formação humana é considerada instrumental porque privilegia a dimensão técnica.

4. A organização e o desenvolvimento curricular, noções centrais no modelo de Tyler, deveriam se orientar por quatro questões básicas. Considere as afirmações a seguir a esse respeito:

I. Tyler propõe que se organize o currículo definindo objetivos, experiências, formas de organização eficientes dessas experiências e verificação do alcance desses objetivos.

II. A preocupação com os objetivos de ensino prevalece sobre as demais no modelo de Tyler.

III. O modelo de Tyler foi difundido no Brasil e chamado posteriormente de *tecnicismo*.

Assinale a alternativa correta:
a) Somente I e II são verdadeiras.
b) Somente II e III são verdadeiras.
c) Somente I e III são verdadeiras.
d) Todas as afirmativas são verdadeiras.

5. O currículo comporta pelo menos três dimensões. Considere as afirmações a seguir a esse respeito:
   I. A dimensão prescritiva do currículo é aquela em que se formalizam as intenções e os conteúdos da formação.
   II. A dimensão real do currículo é aquela em que o currículo prescrito adquire materialidade por meio do que é efetivamente praticado.
   III. A dimensão do currículo oculto é aquela em que há uma recusa em se ensinar o que foi planejado.

   Assinale a alternativa correta:
   a) Somente I e II estão corretas.
   b) Somente II e III estão corretas.
   c) Somente I e III estão corretas.
   d) Todas as afirmativas estão corretas.

Atividades de aprendizagem

Questões para reflexão

Após assistir ao filme *Escritores da liberdade*, responda ao roteiro a seguir (se possível, assista com seus colegas e responda às perguntas após uma reflexão coletiva).

Roteiro de discussão do filme:

1. Destaque situações do filme que permitam caracterizar as questões a seguir relacionadas:
   a) as ações da professora protagonista do filme – por que faz, o que faz, em que momento e por que muda de atitude com relação aos alunos?
   b) as reações dos alunos às ações propostas pela professora – por que passam a interagir com ela e entre si e qual o significado das ações da professora para eles?

c) as características dos alunos: quem são, o que esperam da escola, o que a escola espera deles etc.

2. Com base nas situações destacadas, discuta:
   a) o trabalho docente e a profissão de professor;
   b) a organização do trabalho pedagógico na escola – as relações entre os sujeitos (professor-aluno, aluno-aluno, direção-professor, professor-professor etc.);
   c) o que podemos afirmar sobre a(s) metodologia(s) usada(s) pela professora? Descreva essas metodologias. Você concorda com elas? Por quê?
   d) o filme permite discutir um "currículo formal" e um "currículo real". Por quê?

Atividades aplicadas: prática

Com o objetivo de conhecer o modo como os profissionais da escola se relacionam com o campo do currículo, realize a seguinte entrevista com dois ou mais professores:

1. O que você entende por currículo?

2. Você se lembra de algum estudo que fez sobre currículo durante a sua formação?

3. Se sim, qual foi a contribuição desse estudo?

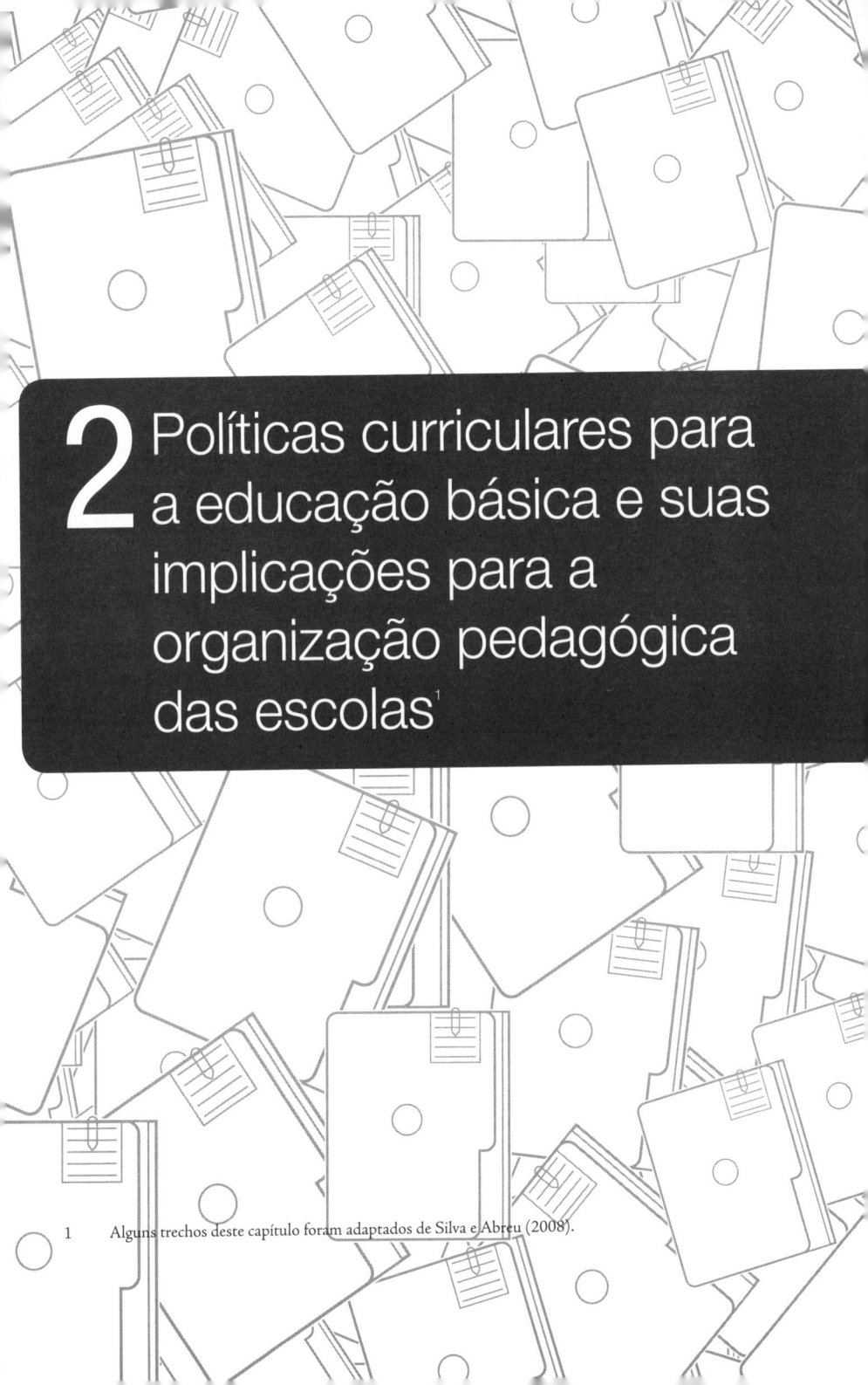

2 Políticas curriculares para a educação básica e suas implicações para a organização pedagógica das escolas[1]

---

[1] Alguns trechos deste capítulo foram adaptados de Silva e Abreu (2008).

Neste capítulo, discutiremos as formas pelas quais as políticas educacionais se constituem em políticas culturais, entre outras coisas, ao buscarem definir orientações que consideram a organização curricular como objeto. Estamos tratando de políticas culturais na medida em que tais orientações se ocupam em definir direções para a formação humana, delineando meios e fins que, em última instância, representam um projeto de indivíduo e de sociedade.

Abordaremos, inicialmente, as políticas curriculares que se firmaram a partir do início da década de 1990; em seguida, trataremos das proposições mais recentes, de revisão daquelas diretrizes. As Diretrizes Curriculares Nacionais Gerais para a Educação Básica e as que a elas se articulam definem as bases da política curricular atual e, por essa razão, são comentadas no presente capítulo e apresentadas ao final da obra. Concluímos este capítulo com uma discussão sobre o alcance relativo das reformas educacionais e os impactos das políticas curriculares sobre a cultura escolar consolidada.

2.1 Políticas curriculares no contexto da reforma educacional da década de 1990

Na sequência, apresentaremos algumas considerações sobre as políticas e reformas educacionais em geral e, em seguida, entraremos no tema mais específico da reforma curricular da década de 1990.

2.1.1 Políticas e reformas educacionais

O principal modo pelo qual ocorre a intervenção do Estado na educação é por meio das ações que visam produzir mudanças no sistema educacional. De tempos em tempos, os governos anunciam a intenção de uma reforma educacional e, na sequência, implementam um conjunto de ações com vistas a alterar a estrutura e o funcionamento das escolas.

Theodor Adorno (1996) nos oferece uma contribuição para a análise dos significados e das finalidades das reformas educacionais, assim se pronunciando:

> Reformas pedagógicas isoladas, embora indispensáveis, não trazem contribuições substanciais. Poderiam até, em certas ocasiões, reforçar a crise (da formação cultural), porque abrandam as necessárias exigências a serem feitas aos que devem ser educados e porque revelam uma inocente preocupação diante do poder que a realidade extrapedagógica exerce sobre eles. (Adorno, 1996, p. 388)

O estudo das reformas educacionais tem se mostrado relevante, pois permite elucidar seus objetivos, suas intenções manifestas e não manifestas, seus limites, suas possibilidades e suas contradições. Permite, também, avaliar o seu alcance quanto aos prováveis impactos que causarão sobre a cultura e sobre a organização escolar. O nível de detalhamento da reforma consente, também, dimensionar em que medida ela é passível de execução ou em que medida é pura e simplesmente retórica. Sobre essa questão, Sacristán (1996b, p. 52) afirma:

> Embora anunciadas sob rótulos que enunciam propósitos louváveis e muito variados de transformação, não podemos esquecer que na

linguagem política as reformas têm outra função: servem para se fazer crer que existe uma estratégia política para melhorar a oferta educacional. Daí a tendência a qualificar qualquer ação normal sobre o sistema educacional como um programa de "reforma". Reformar evoca movimento, e isso encontra ressonância na opinião pública e nos professores, sendo duvidoso, entretanto, que se traduza realmente numa política de medidas discretas, mas de constante aplicação, tendentes a melhorar a oferta da educação. Cria-se a sensação de movimento, geram-se expectativas e isso parece provocar por si mesmo a mudança, embora em poucas ocasiões, ao menos em nosso contexto, se analise e se preste conta, depois, do que realmente ocorreu.

Sobre o significado e o alcance das reformas educacionais, Thomas Popkewitz (1997) considera que seu resultado somente pode ser limitado ao não se alterar significativamente o todo, pois a reforma possui um caráter fragmentário na medida em que não toma como referência a análise global do sistema educacional, bem como a necessidade de respaldar-se, concretamente, na prática cotidiana das escolas.

Na análise de uma reforma curricular, é preciso considerar que ela é resultado das relações entre uma determinada concepção de currículo e um projeto de formação, mediados pelas relações de poder que se estabelecem no processo de constituição das proposições e na forma com que passam a ser incorporadas pelas escolas.

2.1.2 A reforma curricular da década de 1990

O currículo adquiriu centralidade nas reformas educacionais que têm ocorrido no Brasil na atualidade. A que se deve essa centralidade? A esse respeito, Silva (1999a, p. 29) observa que, no currículo,

> se entrecruzam práticas de significação, de identidade social e de poder. [Nele] se travam lutas decisivas por hegemonia, por predomínio, por definição e pelo domínio do processo de significação. Como política curricular, como macrodiscurso, o currículo tanto expressa as visões e os significados do projeto dominante quanto ajuda a reforçá-las, a dar-lhes legitimidade e autoridade. Como microtexto, como prática de significação em sala de aula, o currículo tanto expressa essas visões e significados quanto contribui para formar as identidades sociais que lhes sejam convenientes.

A análise da teoria curricular, seja em sua explicitação normativa – como é o caso das propostas oficiais –, seja em suas manifestações na prática escolar, implica investigar como se exerce na escola a mediação entre o indivíduo e a sociedade no processo de formação. A relação indivíduo-sociedade na escola é mediada pela cultura traduzida em currículo, isto é, por uma **cultura curricularizada**, uma vez que o currículo sempre compreendeu processos de seleção da cultura. No entanto, o currículo

> não é algo que se desenhe, se escolha, se ordene, se classifique *a priori* para depois transmiti-lo e desenvolvê-lo em um esquema, em uma organização escolar e em um sistema educacional. Surge como fato cultural real das condições mesmas da escolarização, a partir das pautas de funcionamento institucional e profissional. No melhor dos casos, aquilo que se desenha como programa e intenções ou conteúdos culturais será sempre reinterpretado pelas condições institucionais da escolarização. (Sacristán, 1996a, p. 36-37, grifo do original)

A reforma educacional, implementada no Brasil a partir do início dos anos 1990, tem suas raízes estabelecidas na Conferência Mundial de Educação para Todos, realizada em Jomtien, Tailândia, em março de 1990, da qual resultou, no país, o Plano Decenal de Educação para Todos – 1993-2003. Essa Conferência, convocada pela Organização das Nações Unidas para a Educação, a Ciência e a Cultura (Unesco), pelo Fundo das Nações Unidas para a Infância (Unicef), pelo Programa das Nações Unidas para o Desenvolvimento (PNUD) e pelo Banco Mundial, contou com a presença de 155 países e traçou os rumos que deveria tomar a educação nos países classificados como E-9 – os nove países com os piores indicadores educacionais do mundo, entre os quais, ao lado do Brasil, figuravam Bangladesh, China, Egito, Índia, Indonésia, México, Nigéria e Paquistão.

Entre as prioridades definidas na Declaração Mundial sobre Educação para Todos (*Education for all* – EFA), consolidada em Jomtien, e que tem no Brasil um de seus signatários, estão a redução das taxas de analfabetismo e a universalização do ensino básico. Em Jomtien, criou-se a expressão *Necessidades Básicas de Aprendizagem* (Nebas), as quais compreendem

> tanto os instrumentos essenciais para a aprendizagem (como a leitura e a escrita, a expressão oral, o cálculo e a solução de problemas),

quanto os conteúdos básicos de aprendizagem (como conhecimentos, habilidades, valores e atitudes) necessários para que os seres humanos possam sobreviver, desenvolver plenamente suas potencialidades, viver e trabalhar com dignidade, participar plenamente do desenvolvimento, melhorar a qualidade de vida, tomar decisões fundamentais e continuar aprendendo. (Brasil, 1993, p. 69)

Em concordância com as proposições de Jomtien, o Ministro da Educação do governo Itamar Franco, Murílio Hingel, encaminhou para apreciação das escolas – em meio às discussões sobre a nova Lei de Diretrizes e Bases da Educação Nacional (LDBEN) – o Plano Decenal de Educação para Todos, elaborado sob orientação do Ministério da Educação (MEC), com a participação do Conselho Nacional de Secretários Estaduais de Educação (Consed) e da União Nacional dos Dirigentes Municipais de Educação (Undime). O roteiro sugerido compreendia discussões e proposições sobre acesso à escola, sucesso escolar, aprendizagem, professores e profissionais do ensino, gestão, relacionamento com a comunidade, cidadania na escola e financiamento e gastos com a educação, que deveriam compor o Plano Decenal de Educação para cada unidade escolar e para as instâncias administrativas (secretarias estaduais e municipais de educação).

O Plano Decenal, tendo em vista responder às demandas sociais, ao Compromisso Nacional firmado na Semana Nacional de Educação para Todos (realizada em Brasília, entre 10 e 14 de maio de 1993) e aos acordos assumidos em âmbito internacional, determina como finalidade da escola o cumprimento de um conjunto de objetivos gerais para o desenvolvimento da educação básica, entre os quais encontra-se "satisfazer as necessidades básicas de aprendizagem das crianças, jovens e adultos, provendo-lhes as **competências fundamentais** requeridas para plena participação na vida econômica, social, política e cultural do país, especialmente as necessidades do mundo do trabalho" (Brasil, 1993, p. 37, grifo nosso).

Devemos ressaltar que, desde o seu início, a reforma educacional implementada nos anos 1990 definiu o currículo por competências como modelo para a formação humana, bem como atrelou essa formação à lógica colocada pela economia e pelo mercado, ao situar a escola como instância privilegiada para atender às demandas de formação solicitadas pelo mercado de trabalho.

As especificações de tal referencial definiram "padrões de aprendizagem" capazes de garantir a aquisição, por todos, de **conteúdos e competências básicas:**

> No domínio cognitivo: incluindo habilidades de comunicação e expressão oral e escrita, de cálculo e raciocínio lógico, estimulando a criatividade, a capacidade decisória, habilidade na identificação e solução de problemas e, em especial, de saber como aprender;
>
> No domínio da sociabilidade: pelo desenvolvimento de atitudes responsáveis, de autodeterminação, de senso de respeito ao próximo e de domínio ético nas relações interpessoais e grupais; [...]. (Brasil, 1993, p. 37)

Com vistas a assegurar a consecução de tais objetivos, o Plano Decenal definiu linhas de ação estratégicas, entre elas a fixação, por parte do MEC, de **conteúdos mínimos nacionais**, a serem complementados pelos diferentes sistemas de ensino, segundo suas identidades locais. Ao mesmo tempo, esse Plano Decenal afirmou a necessidade de que se empreendessem pesquisas com o fim de "fundamentar avanços no âmbito das competências sociais, visando a enriquecer o processo curricular da escola" (Brasil, 1993, p. 45).

Encontramos aí o embrião dos Parâmetros Curriculares Nacionais (PCN) e das Diretrizes Curriculares Nacionais (DCN), bem como dos procedimentos de avaliação nacional. No entanto, é preciso fazer uma observação quanto à produção dos documentos relativos à reforma curricular no que se refere à sua cronologia: ela se inicia com os processos de avaliação (1988), seguida pela elaboração dos PCN entre os anos 1995 e 1998 e das DCN entre os anos 1998 e 2001.

Assim, uma trajetória mais plausível seria aquela em que, depois de sancionada a LDBEN, o Conselho Nacional de Educação (CNE) elaborasse as DCN, que possuem caráter normativo e obrigatório, e que, com base nelas, o Poder Executivo criasse sua proposta, ou seja, os PCN. Paralelamente à implementação desses dois últimos documentos, seriam realizadas as avaliações, com caráter principalmente de acompanhamento e de suporte à reforma.

A que se deve, então, a trajetória de fato empreendida? Uma explicação possível está relacionada ao contexto em que a reforma se processou. Em primeiro lugar, porque os sistemas de avaliação nacional foram instituídos com o objetivo de atender a uma exigência colocada pelos organismos multilaterais de financiamento, com os quais o país estabeleceu parcerias para a viabilização de programas na área educacional. Em segundo lugar, relacionada a esse fato está a lógica produzida por meio das "ajudas" dos organismos multilaterais, que não apenas executam empréstimos, mas também ditam as regras de como deverão ser aplicados os recursos.

> **A reforma educacional implementada nos anos 1990 definiu o currículo por competências como modelo para a formação humana.**

As orientações de organismos como o Banco Interamericano de Desenvolvimento (BID) e o Banco Internacional de Reconstrução e Desenvolvimento (Bird), órgão assessor do Banco Mundial, têm produzido uma homogeneização das reformas nos mais diferentes países "parceiros":

> A agenda traçada pelo Banco Mundial[2], por exemplo, inclui, dentre outras diretrizes, [...] [que se busque o] uso mais racional dos recursos estipulando que um fator primordial para isso seria a autonomia das instituições educacionais; recomenda que se dê especial atenção aos resultados, enfatizando a necessidade de que se implementem os sistemas de avaliação; reforça a ideia da busca da eficiência e que se oriente para a maior articulação entre os setores públicos e privados tendo em vista ampliar a oferta da educação. (Silva; Abreu, 2008, p. 525)

---

2 O Grupo Banco Mundial é composto pelas agências: Banco Internacional de Reconstrução e Desenvolvimento (Bird), Corporação Financeira Internacional (IFC), Organismo Multilateral de Garantia de Investimentos (Miga), Associação Internacional de Desenvolvimento (IDA), Centro Internacional para Resolução de Disputas Internacionais (ICSID) e Fundo Mundial para o Meio Ambiente (GEF).

Além dessas orientações, o Banco Mundial estabelece como regra que as prioridades educacionais devem recair sobre a educação básica[3], assim justificando-a:

> A educação, especialmente a primária e a secundária (educação básica), ajuda a reduzir a pobreza aumentando a produtividade do trabalho dos pobres, reduzindo a fecundidade, melhorando a saúde, e dota as pessoas de atitudes de que necessitam para participar plenamente na economia e na sociedade. (Banco Mundial, citado por Shiroma; Moraes; Evangelista, 2000)

Como isso, vemos que existe, na visão do Banco Mundial, uma estreita vinculação entre educação e desenvolvimento econômico e entre educação e combate à pobreza, considerada esta uma ameaça ao crescimento econômico.

Ao longo dos anos 1990, o Banco Mundial incorporou em sua agenda as definições traçadas em Jomtien, na Conferência Mundial sobre Educação para Todos (Shiroma; Moraes; Evangelista, 2000). Em 1995, esse órgão publicou as *Prioridades y estratégias para la educación*, documento que reafirma antigas posturas, mas que indica uma adequação de suas estratégias aos imperativos das mudanças na economia, fruto do processo de globalização e de reestruturação social e produtiva. Entre essas estratégias, encontram-se as orientações para a implementação dos sistemas de avaliação, que no Brasil estiveram atreladas ao processo de reforma curricular. A introdução dos sistemas de avaliação, como o Exame Nacional do Ensino Médio (Enem) e o Sistema Nacional de Avaliação da Educação Básica (Saeb), ocorre no Brasil ao mesmo tempo em que se implantam os PCN, compondo, em seu conjunto, a reforma curricular ora tratada.

Outro organismo que influenciou decisivamente os rumos da reforma foi a Comissão Econômica para a América Latina e o Caribe (Cepal), que, desde o início dos anos 1990, afirmava a necessidade premente de se adequar a educação escolar ao processo de reestruturação produtiva. Nesse sentido, indicava que se deveria investir em educação tendo como objetivo reformar os sistemas de ensino e adaptá-los de modo a atender às exigências

---

3 Nos documentos do Banco Mundial, a expressão *educação básica* corresponde ao ensino fundamental de nossa Lei de Diretrizes e Bases da Educação Nacional (LDBEN), excluindo, portanto, o ensino médio de suas prioridades.

do setor produtivo. Essa orientação foi traçada no documento *Transformación productiva com equidad*, de 1990.

Em parceria com a Unesco, a Cepal e a Oficina Regional de Educação para a América Latina e Caribe (Orealc) definiram, em 1992, as estratégias que os países da América Latina e do Caribe deveriam seguir, no intuito de buscar o **crescimento econômico com equidade**. O pressuposto básico para se alcançar tal fim estaria nas vinculações entre educação e conhecimento, e tinha-se como objetivo produzir uma educação na qual se articulassem **cidadania e competitividade**, pela introdução de critérios que se orientassem pela equidade e pela eficiência, bem como por diretrizes como a integração nacional e a descentralização. Essas estratégias estão definidas no documento *Educación y conocimiento: eje de la transformación productiva con equidad*:

> A difusão de valores, a dimensão ética e os comportamentos próprios da moderna cidadania, assim como a criação de capacidades e destrezas indispensáveis para a competitividade internacional (crescente baseada no progresso técnico) recebem um aporte decisivo da educação e da produção do conhecimento em uma sociedade. A reforma do sistema de produção e difusão do conhecimento torna-se, portanto, um instrumento crucial para enfrentar tanto o desafio no plano interno, que é a questão da cidadania, como o desafio no plano externo, que é a questão da competitividade. (Cepal-Orealc, citado por Salles, 1992, p. 117)

Vemos que é clara, nas determinações da Cepal e do Banco Mundial, a orientação de que as reformas educacionais e curriculares deveriam ocorrer, principalmente, com o objetivo de adaptar a formação escolar às supostas demandas do setor produtivo. Isso contribuiu para um movimento no qual as mudanças econômicas extrapolassem o campo da produção e se configurassem em uma reestruturação geral de toda a sociedade.

As preocupações quanto às mudanças na educação, bem como a afirmação de sua centralidade, também foram foco da Unesco. Esse órgão foi responsável pela produção, entre os anos 1993 e 1996, do chamado *Relatório Delors*[4], resultado dos

---

4   Esse relatório, coordenado pelo francês Jacques Delors, foi publicado em português com o título de *Educação: um tesouro a descobrir*. No Brasil, foi editado pela Cortez Editora, em conjunto com o MEC e com a Unesco.

trabalhos da Comissão Internacional sobre Educação para o Século XXI.

O **Relatório Delors** traça um diagnóstico da situação da educação mundial, começando pelas mudanças no cenário econômico. Esse documento afirma que o fenômeno da globalização iniciou-se no campo econômico e culminou em "um movimento em que todas as economias do mundo se tornaram dependentes dos movimentos de um conjunto mais ou menos importante de capitais, transitando rapidamente de um lugar para outro" (Delors, 2000, p. 37). Aos poucos, esse processo passou a abranger outras esferas, como a da ciência e tecnologia, e trouxe consequências para outras, como a da educação. Esse relatório reconhece que a globalização favorece os países ricos e que os países pobres permanecem sob o risco de serem excluídos. Com base nesse diagnóstico, o Relatório Delors (2000) estabeleceu uma série de recomendações que deverão ser observadas pelos governos, sobretudo os dos países pobres, para que enfrentem as tensões impostas pela realidade da mundialização capitalista.

Entre as indicações do Relatório Delors está a ampliação da educação básica[5]: "A Educação Básica deve ampliar-se, no mundo, aos 900 milhões de adultos analfabetos, aos 130 milhões de crianças não escolarizadas, aos mais de 100 milhões de crianças que abandonam prematuramente a escola" (Delors, 2000, p. 22). Essa educação deve voltar-se para o pluralismo e para a tolerância, o que desencadeará uma barreira contra a violência. Para isso, o autor assinala que ela deverá sustentar-se em quatro pilares: **aprender a conhecer, aprender a fazer, aprender a viver juntos (viver com os outros)** e **aprender a ser**[6]. Devemos notar que esses pilares constituem exatamente

---

5 Nesse relatório, a expressão *educação básica* corresponde ao que denominamos *ensino fundamental*; o *ensino médio* é denominado *ensino secundário*.

6 Podemos sentir a influência desse relatório na reforma curricular brasileira da década de 1990; por exemplo, quando define nos PCN que "incorporam-se como diretrizes gerais e orientadoras da proposta curricular as quatro premissas apontadas pela Unesco como eixos estruturais da educação na sociedade contemporânea: aprender a conhecer; aprender a fazer; aprender a viver e aprender a ser" (Brasil, 1999).

as proposições presentes nos Referenciais, nos Parâmetros e nas Diretrizes Curriculares Nacionais[7].

A finalidade de uma educação que se volta para o "aprender a fazer" possui como referência a noção de competências e vincula a educação diretamente às razões do mercado de trabalho. Assim, toda a educação básica, incluindo o ensino fundamental, deve ter como um de seus pilares o **aprender a fazer**, que, mesmo sendo indissociável do **aprender a conhecer**, "está mais estreitamente ligada à questão da formação profissional: como ensinar o aluno a pôr em prática os seus conhecimentos e, também, como adaptar a educação ao trabalho futuro quando não se pode prever qual será a sua evolução" (Delors, 2000, p. 93).

As incertezas com relação ao futuro do trabalho são justificativas, nesse relatório, para uma educação que deve se voltar para o desenvolvimento de competências. A "desmaterialização" das economias ricas e o crescimento do trabalho informal levam os propositores da **educação para o século XXI** a tomar, como uma de suas referências, as mudanças ocorridas, por acontecerem na relação capital-trabalho. Tais mudanças e suas decorrências para a educação são assim explicitadas:

> Os empregadores substituem, cada vez mais, a exigência de uma qualificação ainda muito ligada, a seu ver, à ideia de competência material, pela exigência de uma competência que se apresenta como uma espécie de um coquetel individual, combinando a qualificação, em sentido estrito, adquirida pela formação técnica e profissional, o comportamento social, a aptidão para o trabalho em equipe, **o gosto pelo risco**. (Delors, 2000, p. 94, grifo nosso)

As competências exigidas pelo mercado de trabalho seriam resultado ainda de qualidades subjetivas, "inatas ou adquiridas",

---

7   Em especial o caso do Referencial Curricular Nacional para a Educação Infantil (Brasil, 1998f); dos Parâmetros Curriculares Nacionais para o Ensino Fundamental (Brasil, 1997b); dos Parâmetros Curriculares Nacionais para o Ensino Médio (Brasil, 1999); das Diretrizes Curriculares Nacionais para o Ensino Fundamental (Parecer CEB nº 4/1998 [Brasil, 1998a] e Resolução CEB nº 2/1998 [Brasil, 1998c]) e das Diretrizes Curriculares Nacionais para o Ensino Médio (Parecer CEB nº 15/1990 [Brasil, 1998b] e Resolução CEB nº 3/1998 [Brasil, 1998d]).

denominadas *saber-ser*, que se aliam ao **saber** e ao **saber-fazer** e produzem um trabalhador que possui qualidades como "capacidade de comunicar, de trabalhar com os outros, de gerir e de resolver conflitos" (Delors, 2000, p. 94). É interessante observar que a proximidade, quase identidade, entre as demandas colocadas pelos dirigentes empresariais e as proposições da Comissão Internacional sobre Educação para o Século XXI nos leva a constatar que as propostas vão na direção correta. Aliás, a preocupação em se adequar a educação aos requisitos da economia e do mercado de trabalho mereceu, por parte dessa Comissão, uma atenção especial.

Com relação ao ensino médio, o relatório evidencia uma concepção seletiva desse nível de ensino, além de reforçar que "hoje em dia, para haver desenvolvimento é preciso que uma proporção elevada da população possua estudos secundários" (Delors, 2000, p. 134). O caráter seletivo do ensino médio é identificado em afirmações como: "Enquanto a Educação Básica, seja qual for a sua duração, deve ter por objeto dar resposta às necessidades comuns ao conjunto da população, o ensino secundário deveria ser o período em que os talentos mais variados se revelam e desenvolvem" (Delors, 2000, p. 135).

Muitas das orientações prescritas pela Unesco, assim como pelo Banco Mundial e pelo BID[8], foram incorporadas pela política educacional brasileira, que, ao longo dos anos 1990, ocupou-se da implementação da reforma educacional. As bases para essa reforma foram sendo traçadas, como é possível constatar, tendo como base um intenso diálogo entre os atores locais e as agências internacionais. Como escrevem Silva e Abreu (2008, p. 528, grifo do original):

---

8   O BID tem sido responsável por inúmeras ações na área da educação no Brasil. Em especial, com relação ao ensino médio, é a agência financiadora do Programa de Expansão, Melhoria e Inovação no Ensino Médio (Proem), no Estado do Paraná, sendo esse estado um dos primeiros a operar mudanças nesse nível de ensino. Desde meados dos anos 1990, o Paraná vem tomando medidas no sentido de cumprir as metas traçadas no acordo com o BID, entre elas as mudanças curriculares que tomam a noção de competências como núcleo das propostas pedagógicas das escolas. O BID também passou a financiar, a partir do ano 2000, o Programa de Expansão e Melhoria do Ensino Médio – Projeto Escola Jovem, com abrangência nacional, coordenado pelo governo federal.

No âmbito local, o Estado brasileiro, desde o início da década, esforçou-se para o cumprimento das metas estabelecidas nas **parcerias**, bem como em dar respostas visíveis aos **agentes parceiros**. O Programa Brasileiro de Qualidade e Produtividade (PBQP), definido ainda no Governo Collor, apontava a direção que a reforma do Estado e da economia deveriam tomar. Conjugadas a elas estariam as mudanças na educação, delineadas no PBQP como um subprograma que estabelecia a necessidade de formulação de uma política educacional que tivesse como eixo a "educação para a competitividade".

A publicação, pelo governo brasileiro, em 1995, do documento *Questões críticas da educação brasileira* faz-nos constatar que as intenções dos reformadores seriam a de buscar a "adequação dos objetivos educacionais às novas exigências do mercado internacional e interno e, em especial, a consolidação do processo de formação do cidadão produtivo" (Shiroma; Moraes; Evangelista, 2000, p. 78). Conforme esse documento, a reforma da educação básica deveria ser composta pelas seguintes mudanças:

1. Reestruturação de currículos e melhoria dos livros didáticos;

2. Revisão dos conteúdos curriculares do ensino de 1º e 2º graus, com vistas, no 1º grau, ao atendimento da aquisição de competências básicas – raciocínio, linguagem, capacidade de abstração – fundamentais à participação do indivíduo na sociedade moderna;

3. Implantação de sistema nacional de avaliação e de uma instância federal responsável pelos exames nacionais, integrada por técnicos e professores dos sistemas públicos, por especialistas em avaliação e por representantes de segmentos da sociedade civil;

4. Aplicação anual dos exames com divulgação ampla dos resultados e acompanhamento da evolução de cada sistema;

5. Expansão do atendimento ao pré-escolar para oferecer a todos as mesmas oportunidades de sucesso e progressão escolar, desde as primeiras séries. As iniciativas comunitárias consideradas habilitadas devem ser apoiadas, eximindo o Estado, nesse momento, da construção de uma rede de pré-escolas;

6. Maior autonomia da unidade escolar – financeira inclusive – na prestação de serviços educacionais e maior responsabilidade pelas ações educativas;

7. Maior articulação entre a rede de escolas de Ensino Médio e o setor produtivo, órgão e programas responsáveis pelas políticas

industrial e de ciência e tecnologia. (Shiroma; Moraes; Evangelista, 2000)

O documento em pauta incorpora muitas das orientações que vinham sendo debatidas desde o início dos anos 1990 pela Unesco e pelo Banco Mundial. Fica claro que, desde então, estabeleceu-se que um dos principais alvos da reforma seria a **mudança curricular**, e que esta deveria se orientar pela noção de **competências**. Além das similaridades entre a reforma curricular brasileira e as proposições dos organismos internacionais, vale ressaltar ainda a aproximação entre o ensino médio e o setor produtivo, bem como a introdução do sistema de avaliação, se bem que este já se encontrava em processo de implementação.

> A obrigatoriedade legal quanto à existência de uma base nacional comum, bem como a elaboração dos PCN, conduziu à discussão sobre a pertinência, as possibilidades e os significados políticos e pedagógicos da proposição de um currículo de abrangência nacional.

Antonio Flávio Moreira (1995b) insere a proposição de um "currículo nacional" no bojo de um movimento internacional associado a políticas de caráter neoliberal. Ressalta esse autor que essas propostas, justificadas com vistas à "construção e preservação de uma cultura comum, tida como básica para o desenvolvimento de um sentimento de identidade nacional, tende a privilegiar os discursos dominantes e excluir, das salas de aula, os discursos e vozes dos grupos sociais oprimidos" (Moreira, 1995b, p. 194). O autor critica, ainda, a ênfase dada ao "espírito de competitividade", por meio do qual se espera formar uma "mentalidade econômica, pragmática e realizadora, orientada para a produtividade, para o lucro e para o consumo" (Moreira, 1995b, p. 195).

O contexto geral em que seu deu a elaboração das propostas da reforma curricular foi marcado por um discurso que vinculou **cidadania** e **competitividade**, imputando a esses termos a centralidade das concepções que nortearam as proposições normativas.

Assim, a aproximação entre a formação escolar e os requisitos de formação para o trabalho esteve no foco da reforma educacional empreendida ao longo dos anos 1990. Ao estabelecer a ligação entre cidadania e competitividade, fica evidenciada a direção que a reforma iria tomar.

As justificativas para essa dupla finalidade, que, ao final das contas, conjuga-se em um mesmo objetivo – o da formação do **cidadão competitivo** –, encontram sua explicitação no discurso dos reformadores. A título de ilustração, reproduzimos a seguir uma entrevista da diretora do Instituto Nacional de Pesquisas Educacionais (Inep), Maria Helena Guimarães Castro, em agosto de 2000, ao Jornal do Brasil:

> O jovem, ao concluir a Educação Básica, estará preparado para a vida. Se o estudante não prosseguir os estudos no nível superior (o ideal é que todos prossigam, mas nem sempre todos têm esse objetivo e essa possibilidade), a Educação Básica terá desenvolvido determinadas competências e habilidades que contribuíram em muito para seu sucesso.
>
> [...]
>
> Uma pesquisa recente realizada pelo MEC, sobre o que o mercado de trabalho esperava dos alunos ao final do Ensino Médio de cursos profissionalizantes, revelou que as empresas querem que esses estudantes tenham domínio da Língua Portuguesa, saibam desenvolver bem a redação e se comunicar verbalmente. Esta é uma das competências gerais que o Enem procura avaliar e que a Reforma do Ensino Médio procura destacar. Em segundo lugar, os empresários querem que os futuros trabalhadores detenham os conceitos básicos de Matemática e, em terceiro lugar, que tenham capacidade de trabalhar em equipe e de se adaptar a novas situações. Portanto, o que os empresários estão esperando dos futuros funcionários são as competências gerais que só os onze anos de escolaridade gerais podem assegurar.
>
> [...]
>
> Hoje, felizmente, sabemos que o exercício das profissões requer a totalidade de nosso desempenho. Nosso desenvolvimento deve levar a compreender o mundo que nos cerca (ler e interpretar textos e contextos reais), incorporar novas tecnologias (pelo domínio dos conceitos estruturais de todas as ciências), integrar equipes de trabalho (solidariedade e participação). São esses perfis de desempenho que estão presentes nos parâmetros curriculares do Ensino Fundamental e na reforma do Ensino Médio e são amplamente

contemplados na estrutura do Enem. O mapeamento do desempenho por competências, que o boletim individual de resultados do Enem oferece a cada participante, permite um autorreconhecimento de áreas plenamente desenvolvidas (domínio de linguagens, por exemplo) e outras que o indivíduo ainda precisa desenvolver (elaboração de propostas, de intervenção na realidade, criatividade, por exemplo). As empresas não estão mais preocupadas com habilidades específicas na seleção de pessoal.

[...]

Em relação ao mercado de trabalho, o MEC tem realizado alguns seminários e discussões com o setor produtivo, explicando o que é o exame, quais são os seus objetivos e como o mercado de trabalho poderá usar esses resultados. Tenho certeza de que, a partir de agora, as empresas começarão a perceber a importância do Enem nos seus processos de recrutamento. (Andrade, 2001, p. 10-11)

Fica evidente nesse trecho a preocupação do MEC em oferecer respostas efetivas ao setor empresarial. Não devemos nos admirar, por exemplo, que em 2001, quando o MEC criou a campanha intitulada *Mobilização Nacional pela Nova Educação Básica*, os primeiros interlocutores a serem chamados para uma sequência de reuniões foram justamente empresários e, em último lugar, professores e demais profissionais do ensino.

Cidadania e competitividade expressam a proximidade entre a educação e a lógica do mercado. Argumentos em defesa dessa aproximação foram explicitados por uma das mais expressivas figuras no contexto da formulação dos dispositivos normativos, a professora e conselheira do CNE, Guiomar Namo de Mello. Em seu livro *Cidadania e competitividade*, publicado em 1993, essa autora evidencia sua compreensão acerca da educação escolar e de seu papel na sociedade. Ela afirma que, uma vez mais, considera-se a educação como uma prioridade, e que as reformas educacionais que ocorriam em diferentes países se deviam à "finalidade de torná-los mais eficientes e equitativos no preparo de uma nova cidadania, capaz de enfrentar a revolução tecnológica que está ocorrendo no processo produtivo e seus desdobramentos políticos, sociais e éticos" (Mello, 1998, p. 30).

As transformações por que passam as sociedades encontram-se circunscritas às dinâmicas interpostas pelo modo de produção capitalista, mas, no entendimento de Mello (1998), cabe ao **fator tecnológico** a prevalência de tais determinações. A esse respeito, alerta Ferreti (1997), incorre-se em uma interpretação apressada e reducionista, que parte de uma suposta linearidade entre as mudanças tecnológicas e os requisitos de formação. De fato, se compreendermos a tecnologia como obra dos homens situados em seu contexto histórico e, por essa razão, impregnada das relações de poder e de dominação que submetem os produtos humanos, em nossa sociedade, à lógica do mercado, fica evidenciado que a afirmação de que a escola deve mudar para se adaptar às mudanças tecnológicas possui forte carga ideológica, estando nela implícita a submissão dos requisitos de formação à via unidimensional do mercado.

> Cidadania e competitividade expressam a proximidade entre a educação e a lógica do mercado.

Mello (1998) também defende a ideia de que haveria uma nova cidadania em formação e que isso se deveria ao fim da polaridade entre capital e trabalho: "A questão do conhecimento é vital para o exercício da cidadania política num mundo que deixa de ser marcado por bipolaridades excludentes – capital × trabalho, classe dominante × classe dominada" (Mello, 1998, p. 34).

A associação entre **educação** e **desenvolvimento** está no cerne do pensamento de Mello (1998) a respeito das finalidades da escolarização. O processo de escolarização deveria responder às transformações no processo produtivo, pois, conforme ela assevera, é isso o que a sociedade espera da educação. Assim, a educação escolar deveria buscar:

> Responder à necessidade de um novo perfil de qualificação da mão de obra, onde [sic] inteligência e conhecimento são fundamentais;
>
> Qualificar a população para o exercício da cidadania;
>
> Lidar com os novos parâmetros de difusão de conhecimentos dados pela informática e meios de comunicação de massa; e
>
> Contribuir para recuperar/construir a dimensão social e ética do desenvolvimento econômico. (Mello, 1998, p. 33-39)

Com relação ao "novo perfil" de formação, a autora deixa claro que "a formação de competências sociais, como liderança, iniciativa, capacidade de tomar decisões, autonomia no trabalho, habilidade de comunicação, constituem [sic] os novos desafios educacionais" (Mello, 1998, p. 34) e que a escola precisa superar uma "concepção de currículo que inclui uma diversidade de conteúdos pouco aprofundados" (Mello, 1998, p. 34) para se organizar em torno de algumas disciplinas básicas, que deverão receber um tratamento tal que "propicie mais que o domínio de informações específicas, a formação de habilidades cognitivas tais como: compreensão, pensamento analítico e abstrato, flexibilidade de raciocínio para entender situações novas e solucionar problemas" (Mello, 1998, p. 34).

O desenvolvimento de **competências** e **habilidades** é apontado como o fato norteador das proposições curriculares, que, além de satisfazer às demandas de formação da mão de obra, devem também "qualificar o cidadão". Nesse sentido, Mello (1998) entende que o exercício da cidadania, em uma sociedade "cambiante e plural", passa pela "aquisição de conhecimentos, compreensão de ideias e valores, formação de hábitos de convivência", tendo em vista contribuir para "tornar a sociedade mais justa, solidária e integrada" (Mello, 1998, p. 36).

Com base nessas asserções iniciais, Mello (1998) expõe sua compreensão quanto às Necessidades Básicas de Aprendizagem, segundo as definições de Jomtien, e faz uma série de proposições com o intuito de retirar a educação brasileira da "contramão da história". Entre suas indicações, está, por exemplo, a mudança na forma de intervenção do Estado sobre a educação, que deveria passar de um planejamento diretivo para uma gestão estratégica que substituísse **padronização** por **flexibilização**; ela defende igualmente a instituição de sistemas de avaliação externos e a autonomia das escolas. Muitas dessas propostas repercutem as enunciações do Banco Mundial, da Cepal e da Unesco em relação às reformas escolares, sendo várias delas incorporadas pelo governo brasileiro no estabelecimento e na implementação de mudanças na educação escolar ao longo dos anos 1990.

A cidadania delineada é, portanto, o que poderíamos chamar de uma *cidadania com competência*, conceito no qual cidadania confunde-se com produtividade, e cidadão é aquele considerado potencialmente produtivo e competitivo, isto é, portador "daquelas qualidades necessárias ao bom andamento da produção, ou não poderá ser considerado plenamente cidadão" (Andrade, 2001).

Essas proposições foram incorporadas pelos textos da reforma curricular da década de 1990: estão presentes nos Parâmetros e Diretrizes Curriculares Nacionais para a educação infantil (Referenciais Curriculares Nacionais para a Educação Infantil (RCNEI), Parecer CNE/CEB nº 22/1998 e Resolução CNE/CEB nº 1/1999); para o ensino fundamental (PCN para o Ensino Fundamental de 1ª a 4ª série e de 5ª a 8ª série, Parecer CNE/CEB nº 4, de 29 de janeiro de 1998, e Resolução CNE/CEB nº 2, de 7 de abril de 1998); e para o ensino médio (PCN para o Ensino Médio, Parecer CNE/CEB nº 15, de 1º de abril de 1998, e Resolução CNE/CEB nº 3, de 26 de junho de 1998).

2.2 Políticas curriculares atuais: as novas Diretrizes Curriculares Nacionais

Ainda que pouco mais de 10 anos tenham decorrido das proposições legais sobre currículo no Brasil, vistas anteriormente, ao final dos anos 2000 verificamos um processo considerado, inicialmente, uma atualização das Diretrizes Curriculares Nacionais (DCN). A Emenda Constitucional de nº 59, de 11 de novembro de 2009, que ampliou a obrigatoriedade escolar no Brasil para a faixa etária compreendida entre 4 e 17 anos, é, em parte, responsável por esse processo. Além disso, a intensa crítica às proposições anteriores e o entendimento de que deveria ser produzida maior articulação entre as etapas da educação básica e suas modalidades justificam o que acabou por se configurar, na verdade, em novas proposições, considerando que as concepções e as propostas das novas diretrizes divergem substantivamente das proposições anteriores. Com elas, inclusive, revogam-se as resoluções e os pareceres que normatizavam as DCN comentadas na Seção 2.1.

2.2.1 As Diretrizes Curriculares Nacionais Gerais para a Educação Básica (Parecer CNE/CEB nº 7, de 7 de abril de 2010, e Resolução CNE/CEB nº 4, de 13 de julho de 2010)

O Parecer nº 7/2010 e a Resolução nº 4/2010, emitidos pela Câmara da Educação Básica (CEB) do CNE, buscam atender ao objetivo de sistematizar os princípios que se encontram estabelecidos no conjunto de leis que tratam da educação no Brasil, traduzindo esses princípios em orientações e considerando os sujeitos envolvidos com o currículo e com a escola. Além disso, esses documentos possuem como objetivo:

> [...]
>
> II – estimular a reflexão crítica e propositiva que deve subsidiar a formulação, a execução e a avaliação do projeto político-pedagógico da escola de Educação Básica;
>
> III – orientar os cursos de formação inicial e continuada de docentes e demais profissionais da Educação Básica, os sistemas educativos dos diferentes entes federados e as escolas que os integram, indistintamente da rede a que pertençam. (Brasil, 2010c)

As DCN Gerais para a Educação Básica, em seu art. 13, entendem o currículo como "o conjunto de valores e práticas que proporcionam a produção, a socialização de significados no espaço social e contribuem intensamente para a construção de identidades socioculturais dos educandos" (Brasil, 2010c). Com isso, o percurso formativo dos educandos deverá incluir não apenas os componentes obrigatórios estabelecidos na lei, mas também outros, de forma flexível e variável, que assegurem, entre outros aspectos:

> [...]
>
> II – ampliação e diversificação dos tempos e espaços curriculares que pressuponham profissionais da educação dispostos a inventar e construir a escola de qualidade social, com responsabilidade compartilhada com as demais autoridades que respondem pela gestão dos órgãos do poder público, na busca de parcerias possíveis e necessárias, até porque educar é responsabilidade da família, do Estado e da sociedade;

III – escolha da abordagem didático-pedagógica disciplinar, pluridisciplinar, interdisciplinar ou transdisciplinar pela escola, que oriente o projeto político-pedagógico e resulte de pacto estabelecido entre os profissionais da escola, conselhos escolares e comunidade, subsidiando a organização da matriz curricular, a definição de eixos temáticos e a constituição de *redes de aprendizagem*; [...]. (Brasil, 2010c, art. 13, § 3º, grifo do original)

O principal avanço das diretrizes atuais está em se enfrentar o desafio de consolidar, de fato, o que está indicado na LDBEN/1996 (Lei nº 9.394, de 20 de dezembro de 1996): a educação básica composta por três etapas. Isso demanda que se estabeleça uma trajetória educacional e curricular e que assegure a continuidade e a articulação entre essas etapas. Desse modo, as DCN Gerais propõem:

Art. 18. Na organização da Educação Básica, devem-se observar as Diretrizes Curriculares Nacionais comuns a todas as suas etapas, modalidades e orientações temáticas, respeitadas as suas especificidades e as dos sujeitos a que se destinam.

§ 1º As etapas e as modalidades do processo de escolarização estruturam-se de modo orgânico, sequencial e articulado, de maneira complexa, embora permanecendo individualizadas ao logo do percurso do estudante, apesar das mudanças por que passam:

I – a dimensão orgânica é atendida quando são observadas as especificidades e as diferenças de cada sistema educativo, sem perder o que lhes é comum: as semelhanças e as identidades que lhe são inerentes;

II – a dimensão sequencial compreende os processos educativos que acompanham as exigências de aprendizagens definidas em cada etapa do percurso formativo, contínuo e progressivo, da Educação Básica até a Educação Superior, constituindo-se em diferentes e insubstituíveis momentos da vida dos educandos;

III – a articulação das dimensões orgânica e sequencial das etapas e das modalidades da Educação Básica, e destas com a Educação Superior, implica ação coordenada e integradora do seu conjunto.

§ 2º A transição entre as etapas da Educação Básica e suas fases requer formas de **articulação** das dimensões orgânica e sequencial que assegurem aos educandos, sem tensões e rupturas, a continuidade de seus processos peculiares de aprendizagem e desenvolvimento. (Brasil, 2010c, grifo do original)

Nessa mesma direção, com o objetivo de assegurar organicidade, sequência e articulação entre a educação infantil, o ensino fundamental e o ensino médio, essas diretrizes definem:

> Art. 19. Cada etapa é delimitada por sua finalidade, seus princípios, objetivos e diretrizes educacionais, fundamentando-se na inseparabilidade dos conceitos referenciais: **cuidar e educar**, pois esta é uma concepção norteadora do projeto político-pedagógico elaborado e executado pela comunidade educacional. (Brasil, 2010c, grifo do original)

Em seu art. 3º, a Resolução nº 4/2010, que trata das DCN Gerais para a Educação Básica, aponta que, para complementá-las, devem existir DCN específicas para as etapas e modalidades da educação básica, que devem indicar

> opções políticas, sociais, culturais, educacionais, e a função da educação, na sua relação com um projeto de Nação, tendo como referência os objetivos constitucionais, fundamentando-se na cidadania e na dignidade da pessoa, o que pressupõe igualdade, liberdade, pluralidade, diversidade, respeito, justiça social, solidariedade e sustentabilidade. (Brasil, 2010c)

O texto da resolução traz, também, orientações para a organização da educação básica, considerando as especificidades de cada uma de suas etapas e modalidades, e propõe formas para o tratamento curricular relativo à educação escolar indígena e quilombola, bem como às questões étnico-raciais e da educação especial. Oferece, ainda, recomendações sobre a avaliação da aprendizagem e dos sistemas de ensino, além de assinalar questões relativas à formação inicial e continuada de professores.

A seguir, destacaremos alguns aspectos relevantes das diretrizes para cada uma das etapas da educação básica: educação infantil, ensino fundamental e ensino médio.

2.2.2 Diretrizes Curriculares Nacionais para a Educação Infantil (Parecer CNE/CEB nº 20, de 11 de novembro de 2009, e Resolução CNE/CEB nº 5, de 17 de dezembro de 2009)

As novas DCN para a Educação Infantil, em seu art. 3º, concebem o currículo como "um conjunto de práticas que buscam articular as experiências e os saberes das crianças com os conhecimentos que fazem parte do patrimônio cultural, artístico, ambiental, científico e tecnológico, de modo a promover o desenvolvimento integral de crianças de 0 a 5 anos de idade" (Brasil, 2009). Consideram, ainda, que a criança é sujeito histórico e de direitos, o que precisa ser levado em consideração na elaboração das propostas pedagógicas das escolas:

> Art. 4º As propostas pedagógicas da Educação Infantil deverão considerar que a criança, centro do planejamento curricular, é sujeito histórico e de direitos que, nas interações, relações e práticas cotidianas que vivencia, constrói sua identidade pessoal e coletiva, brinca, imagina, fantasia, deseja, aprende, observa, experimenta, narra, questiona e constrói sentidos sobre a natureza e a sociedade, produzindo cultura. (Brasil, 2009)

Em seu art. 9º, essas diretrizes propõem que as práticas pedagógicas decorrentes das propostas curriculares para a Educação Infantil devam ter as interações e as brincadeiras como eixos norteadores, de modo a assegurar experiências que:

> [...]
>
> I – promovam o conhecimento de si e do mundo por meio da ampliação de experiências sensoriais, expressivas, corporais que possibilitem movimentação ampla, expressão da individualidade e respeito pelos ritmos e desejos da criança;
>
> II – favoreçam a imersão das crianças nas diferentes linguagens e o progressivo domínio por elas de vários gêneros e formas de expressão: gestual, verbal, plástica, dramática e musical;

> A criança é sujeito histórico e de direitos, o que precisa ser levado em consideração na elaboração das propostas pedagógicas das escolas.

III – possibilitem às crianças experiências de narrativas, de apreciação e interação com a linguagem oral e escrita, e convívio com diferentes suportes e gêneros textuais orais e escritos;

IV – recriem, em contextos significativos para as crianças, relações quantitativas, medidas, formas e orientações espaçotemporais;

V – ampliem a confiança e a participação das crianças nas atividades individuais e coletivas;

VI – possibilitem situações de aprendizagem mediadas para a elaboração da autonomia das crianças nas ações de cuidado pessoal, auto-organização, saúde e bem-estar;

VII – possibilitem vivências éticas e estéticas com outras crianças e grupos culturais, que alarguem seus padrões de referência e de identidades no diálogo e reconhecimento da diversidade;

VIII – incentivem a curiosidade, a exploração, o encantamento, o questionamento, a indagação e o conhecimento das crianças em relação ao mundo físico e social, ao tempo e à natureza;

IX – promovam o relacionamento e a interação das crianças com diversificadas manifestações de música, artes plásticas e gráficas, cinema, fotografia, dança, teatro, poesia e literatura;

X – promovam a interação, o cuidado, a preservação e o conhecimento da biodiversidade e da sustentabilidade da vida na Terra, assim como o não desperdício dos recursos naturais;

XI – propiciem a interação e o conhecimento pelas crianças das manifestações e tradições culturais brasileiras;

XII – possibilitem a utilização de gravadores, projetores, computadores, máquinas fotográficas, e outros recursos tecnológicos e midiáticos.

Parágrafo único – As creches e pré-escolas, na elaboração da proposta curricular, de acordo com suas características, identidade institucional, escolhas coletivas e particularidades pedagógicas, estabelecerão modos de integração dessas experiências. (Brasil, 2009)

No texto das DCN para a Educação Infantil constam, também, proposições relativas à avaliação nessa etapa da educação básica, sem o objetivo de classificação ou de seleção. Indica ainda, em seu art. 11, que, na transição para o ensino fundamental, as escolas devam assegurar "a continuidade no processo de aprendizagem e desenvolvimento respeitando as especificidades etárias, sem antecipação de conteúdos que serão trabalhados no Ensino Fundamental" (Brasil, 2009).

2.2.3 Diretrizes Curriculares Nacionais para o Ensino Fundamental (Parecer CNE/CEB nº 11, de 7 de julho de 2010, e Resolução CNE/CEB nº 7, de 14 de dezembro de 2010)

As atuais DCN para o Ensino Fundamental, em seu art. 7º, trazem como objetivos dessa etapa da escolarização:

> [...]
>
> I – o desenvolvimento da capacidade de aprender, tendo como meios básicos o pleno domínio da leitura, da escrita e do cálculo;
>
> II – a compreensão do ambiente natural e social, do sistema político, das artes, da tecnologia e dos valores em que se fundamenta a sociedade;
>
> III – a aquisição de conhecimentos e habilidades, e a formação de atitudes e valores como instrumentos para uma visão crítica do mundo;
>
> IV – o fortalecimento dos vínculos de família, dos laços de solidariedade humana e de tolerância recíproca em que se assenta a vida social. (Brasil, 2010d)

Essas diretrizes, em seu art. 9º, trazem o entendimento do currículo como as "experiências escolares que se desdobram em torno do conhecimento, permeadas pelas relações sociais, buscando articular vivências e saberes dos alunos com os conhecimentos historicamente acumulados e contribuindo para construir as identidades dos estudantes" (Brasil, 2010d).

Para atender a essas finalidades e tendo em vista a compreensão de currículo descrita anteriormente, a Resolução nº 7/2010 traz as seguintes proposições para a organização curricular do ensino fundamental de nove anos:

> Art. 12. Os conteúdos que compõem a base nacional comum e a parte diversificada têm origem nas disciplinas científicas, no desenvolvimento das linguagens, no mundo do trabalho, na cultura e na

tecnologia, na produção artística, nas atividades desportivas e corporais, na área da saúde e ainda incorporam saberes como os que advêm das formas diversas de exercício da cidadania, dos movimentos sociais, da cultura escolar, da experiência docente, do cotidiano e dos alunos. (Brasil, 2010d)

Com relação aos componentes curriculares obrigatórios, o art. 15 da Resolução nº 7/2010 propõe conteúdos organizados em áreas do conhecimento:

> I. Linguagens (Língua Portuguesa, Língua Materna para populações indígenas, Língua Estrangeira moderna, Arte e Educação Física);
> II. Matemática;
> III. Ciências da Natureza;
> IV. Ciências Humanas (História e Geografia);
> V. Ensino Religioso.

Essa resolução atende, também, ao disposto na Lei nº 11.645, de 10 de março de 2008, que trata do ensino da história, das culturas indígena e afro-brasileira e da música, conteúdo obrigatório, porém não exclusivo do ensino de artes. Sobre o ensino religioso, as DCN especificam, conforme consta na LDBEN (Brasil, 1996), que é vedada qualquer forma de proselitismo.

Observamos ainda, no texto da resolução, uma preocupação com o projeto político-pedagógico (PPP) das escolas, no sentido de que este assegure um currículo coerente, articulado e integrado aos modos de ser e de se desenvolver das crianças e dos adolescentes, considerando também os distintos contextos sociais. São propostas como formas de organização em ciclos, séries ou outras, desde que os tempos e os espaços estejam articulados entre si.

As DCN para o Ensino Fundamental estabelecem, também, a gestão democrática e participativa, como garantia do direito à educação, e a avaliação, como parte integrante do currículo. Esse documento confere especial ênfase à educação em tempo integral (arts. 36 e 37). O texto legal oferece orientações para o tratamento curricular, considerando a diversidade e as modalidades da educação básica. Nesse sentido, traz proposições específicas para a educação do campo, para a educação escolar indígena, para a educação quilombola, para a educação especial e para a educação de jovens e adultos. Com essas proposições, as diretrizes buscam garantir os princípios estabelecidos nas DCN Gerais para a Educação Básica, quais sejam: a organicidade, a sequência e a articulação.

2.2.4 Diretrizes Curriculares Nacionais para o Ensino Médio (Parecer CNE/CEB nº 05, de 4 de maio de 2011)

As finalidades do ensino médio, última etapa da educação básica, estão estabelecidas na LDBEN (Brasil, 1996) e foram reiteradas no Parecer CNE/CEB nº 05, de 4 de maio de 2011:

> [...]
>
> I – A consolidação e o aprofundamento dos conhecimentos adquiridos no Ensino Fundamental, possibilitando o prosseguimento de estudos.
>
> II – A preparação básica para o trabalho e a cidadania do educando para continuar aprendendo, de modo a ser capaz de se adaptar a novas condições de ocupação ou aperfeiçoamento posteriores.
>
> III – O aprimoramento do educando como pessoa humana, incluindo a formação ética e o desenvolvimento da autonomia intelectual e do pensamento crítico.
>
> IV – A compreensão dos fundamentos científico-tecnológicos dos processos produtivos, relacionando a teoria com a prática. (Brasil, 1996)

Com o objetivo de atingir as finalidades mencionadas, as novas DCN para o Ensino Médio têm como fundamentos: a formação integral do estudante; o trabalho como princípio educativo e a pesquisa como princípio pedagógico; a educação em direitos humanos; a sustentabilidade ambiental como meta universal; a indissociabilidade entre educação e prática social, considerando-se a historicidade dos conhecimentos e dos sujeitos do processo educativo, bem como entre teoria e prática no processo de ensino-aprendizagem; a integração de conhecimentos gerais e, quando for o caso, técnico-profissionais, realizada na perspectiva da interdisciplinaridade e da contextualização; o reconhecimento e a aceitação da diversidade e da realidade concreta dos sujeitos do processo educativo, das formas de produção, dos processos de trabalho e das culturas a eles subjacentes; a integração entre educação e as dimensões do trabalho, da ciência, da tecnologia e da cultura como base da proposta e do desenvolvimento curricular.

Essas determinações trazem um conjunto de implicações para a organização curricular. Entre elas, destacamos:

> Art. 13. As unidades escolares devem orientar a definição de toda proposição curricular, fundamentada na seleção dos conhecimentos, componentes, metodologias, tempos, espaços, arranjos alternativos e formas de avaliação, tendo presente:
>
> I – as dimensões do trabalho, da ciência, da tecnologia e da cultura como eixo integrador entre os conhecimentos de distintas naturezas, contextualizando-os em sua dimensão histórica e em relação ao contexto social contemporâneo;
>
> II – o trabalho como princípio educativo, para a compreensão do processo histórico de produção científica e tecnológica, desenvolvida e apropriada socialmente para a transformação das condições naturais da vida e a ampliação das capacidades, das potencialidades e dos sentidos humanos;
>
> III – a pesquisa como princípio pedagógico, possibilitando que o estudante possa ser protagonista na investigação e na busca de respostas em um processo autônomo de (re)construção de conhecimentos.
>
> IV – os direitos humanos como princípio norteador, desenvolvendo-se sua educação de forma integrada, permeando todo o currículo, para promover o respeito a esses direitos e à convivência humana.
>
> V – a sustentabilidade socioambiental como meta universal, desenvolvida como prática educativa integrada, contínua e permanente, e baseada na compreensão do necessário equilíbrio e respeito nas relações do ser humano com seu ambiente. (Brasil, 2011)

Dessa forma, o ensino médio será organizado considerando-se o trabalho, a ciência, a cultura e a tecnologia como dimensões da formação humana e eixos da organização curricular. O texto das DCN para o Ensino Médio assim compreende essas dimensões:

> § 1º O **trabalho** é conceituado na sua perspectiva ontológica de transformação da natureza, como realização inerente ao ser humano e como mediação no processo de produção da sua existência;
>
> § 2º A **ciência** é conceituada como o conjunto de conhecimentos sistematizados, produzidos socialmente ao longo da história, na busca da compreensão e transformação da natureza e da sociedade.
>
> § 3º A **tecnologia** é conceituada como a transformação da ciência em força produtiva ou mediação do conhecimento científico e a produção, marcada, desde sua origem, pelas relações sociais que a levaram a ser produzida.
>
> § 4º A **cultura** é conceituada como o processo de produção de expressões materiais, símbolos, representações e significados que correspondem a valores éticos, políticos e estéticos que orientam as normas de conduta de uma sociedade.
>
> Art. 6º O **currículo** é conceituado como a proposta de ação educativa constituída pela seleção de conhecimentos construídos pela sociedade, expressando-se por práticas escolares que se desdobram em torno de conhecimentos relevantes e pertinentes, permeadas pelas relações sociais, articulando vivências e saberes dos estudantes e contribuindo para o desenvolvimento de suas identidades e condições cognitivas e sócio-afetivas. (Brasil, 2011, grifo do original)

Essas diretrizes estabelecem, ainda, em seu art. 7º, que a organização curricular do ensino médio deve ter uma base nacional comum e uma parte diversificada, e que estas não se constituem em blocos distintos, mas em um todo integrado. Por fim, o currículo do ensino médio deverá se organizar em quatro áreas do conhecimento: linguagens, matemática, ciências da natureza e ciências humanas.

2.4 Políticas curriculares e cultura escolar: implicações para o trabalho pedagógico[9]

Vivemos um momento em que as questões curriculares adquiriram centralidade quando se trata das políticas educacionais. Nesse contexto, devemos indagar as razões dessa centralidade e como entender seus efeitos sobre as escolas, seus sujeitos, suas práticas, seus discursos e sua cultura. O estudo da escola, que tem a cultura escolar como possibilidade referencial para a análise, oferece a oportunidade de constituição de objetos ímpares, além da proposição de perspectivas teórico-metodológicas diferenciadas.

O quadro teórico esboçado tem como consequência a ideia de que o estudo das políticas educacionais em geral e das políticas curriculares em particular não se esgota na análise dos documentos propositivos, ou mesmo no processo pelos quais eles são elaborados. Tal estudo requer a investigação dos processos por meio dos quais tais proposições tensionam e são tensionadas nos momentos em que a escola e seus sujeitos tomam contato e dialogam com os dispositivos normativos oficiais, com suas referências explícitas ou implícitas. Nesses instantes se manifestam intenções de aceitação e de resistência; são momentos ao mesmo tempo partilhados e contrastantes, que evidenciam processos de continuidades e de rupturas, representados por novos discursos e novas práticas, híbridos entre o "novo" e o "velho", entre o que muda e o que permanece.

Esse movimento, rico e difícil de se apreender, torna-se objeto de análise quando estamos diante da investigação do campo curricular. Tomamos como pressuposto que

> O fracasso ou não das reformas educativas não pode, de forma alguma, ser buscado ou explicado apenas pela maior ou menor eficácia das mesmas em resolver os problemas que atacar, mas, sobretudo, por sua capacidade de deslocar ou não os eixos das culturas escolares de seus lugares e, nesse processo, de criar oportunidades para a produção de novos sentidos e significados da escolarização. O estudo desse fenômeno, no passado e no presente, é um das tarefas dos investigadores das culturas escolares. (Faria Filho, 2005, p. 248)

---

9   Seção adaptada de Silva (2009).

Nesse sentido, Basil Berstein é, certamente, uma referência importante quando nos colocamos diante da necessidade de conhecer como se instituem e se institucionalizam os discursos e as práticas pedagógicos. Segundo Berstein (1996), o processo de transferência do texto curricular de um contexto para outro se manifesta como um movimento de **recontextualização**, por meio do qual se originam procedimentos de seleção e de deslocamento de significados. Em se tratando das reformas educacionais, verificamos um distanciamento entre a produção do discurso oficial e sua incorporação pela escola. No presente texto, consideramos esse distanciamento como decorrente do processo de recontextualização referido anteriormente.

A produção do discurso oficial e sua implementação pelas escolas são movimentos complementares, porém distintos. A análise das reformas educacionais não pode, portanto, desconsiderar que, na passagem do **discurso instrucional** para o **discurso regulativo** (Berstein, 1996), as escolas conferem significados próprios às prescrições, que muitas vezes se distanciam das formulações originais.

Berstein (citado por Lopes, 2002) denomina de *discurso instrucional* aquele proveniente da especialização das ciências de referência (matemática, geografia etc.), que se convertem em saberes a serem transmitidos pela escola, e de *discurso regulativo* aquele vinculado a valores e princípios pedagógicos consolidados, isto é, o que é efetivamente praticado e que se constitui em referência legitimada pelos professores. Na análise da constituição desse novo discurso regulativo, tem-se como pressuposto o fato de que a comunidade de leitores formada pelos professores e demais educadores não é uniforme, o que produz diferentes relações com os materiais escritos. As práticas de leitura e de interpretação são distintas e produzem significados diferenciados, decorrentes também do modo como os leitores interagem com o material instrucional. A leitura dos textos oficiais é compreendida, assim, como um processo partilhado e contrastante e, portanto, não homogêneo, caracterizado por distintas práticas de apropriação que produzem as representações constitutivas das mudanças.

Com isso, as escolas reinterpretam, reelaboram e redimensionam o discurso oficial, que, nesse processo, adquire legitimidade, seja ao assumir a condição de inovação, seja ao se valer de ideários pedagógicos tornados legítimos pela cultura escolar. A análise das políticas de reforma curricular impõe a discussão das prescrições normativas, considerando, portanto, que elas não se consolidam como mero reflexo, ou como simples reprodução do que é proposto. Assim, para podermos dimensionar o alcance de uma política curricular, é necessário considerar que, mesmo que ela não produza alterações na totalidade das práticas educativas, produz alterações no discurso pedagógico e imprime novos códigos e símbolos à cultura escolar, capazes de conferir novas configurações ao trabalho pedagógico e à ação docente.

Síntese

Neste capítulo, buscamos mostrar que estudar o currículo e as políticas de reforma curricular implica recorrer ao estudo das prescrições normativas, considerando, no entanto, que aqueles não se consolidam como mero reflexo na escola. Empreendemos a análise da reforma curricular iniciada no Brasil no início da década de 1990 e vimos que os PCN e as DCN, naquele contexto, atrelaram a escola e o currículo às determinações do mercado, restringindo, com isso, o projeto de formação humana a uma lógica mercantil e pragmática. Em resposta a esses limites, e buscando superá-los, o CNE procedeu à revisão dessas diretrizes, o que culminou em uma nova política curricular nacional. Comentamos, diante disso, as proposições das atuais DCN (de 2000 até os dias atuais).

Ao concluirmos o capítulo, julgamos importante ressaltar que a cultura escolar, ao confrontar-se com os dispositivos normativos oficiais, atribui significados a estes, os quais são marcados pelos modos de organização do trabalho pedagógico já consolidados e, também, pela articulação entre o trabalho escolar e o contexto sociocultural e político-cultural. Desse modo, podemos compreender o currículo como a expressão da prática e da função social da escola.

Observamos, portanto, um distanciamento entre a produção do discurso oficial e a sua incorporação pela escola. Ocorre aqui um duplo movimento: o processo de produção do discurso oficial e sua implementação pelas escolas são movimentos complementares, porém distintos, o que implica que se considere, na análise da reforma, que na passagem do discurso instrucional ao discurso regulativo (Berstein, 1996) as escolas atribuem significados próprios aos dispositivos normativos oficiais, muitas vezes distintos dos que foram formulados. Considerar que as escolas reinterpretam, reelaboram e redimensionam o discurso oficial não significa, porém, menosprezar a importância desse discurso. Ele tem se mostrado capaz de compor sua própria legitimidade, tanto ao afirmar o caráter de inovação quanto ao realizar a apropriação de um ideário pedagógico já legitimado. Sua importância reside, também, na força que exerce na produção de um novo discurso regulativo.

Indicações culturais

Filme

PRO dia nascer feliz. Direção: João Jardim. Produção: Flávio R. Tambellini e João Jardim. Brasil: Copacabana Filmes, 2006. 88 min.

Com o objetivo de ilustrar a situação da educação escolar brasileira na atualidade, propomos que você assista a esse filme, que mostra a realidade da educação no Brasil com base em depoimentos de alunos, professores e gestores de escolas de três estados (Pernambuco, Rio de Janeiro e São Paulo). Os depoimentos e as imagens tomadas em salas de aula, em reuniões de professores e em outras atividades do cotidiano escolar permitem conhecer a diversidade da realidade educacional brasileira, assim como adentrar no universo das subjetividades juvenis e ter consciência das representações que os jovens elaboram da escola. O conteúdo do filme permite refletir sobre o alcance e os limites das políticas educacionais.

Atividades de autoavaliação

Responda às questões a seguir e depois compare-as com o texto. Faça uma análise dos resultados dessa comparação. Retome o texto, se necessário, e recorra à bibliografia comentada ao final da obra.

1. Sobre a reforma educacional da década de 1990, assinale verdadeiro (V) ou falso (F) nas afirmações a seguir:
   - ( ) Entre as estratégias da reforma educacional da década de 1990, encontram-se as orientações para a implementação dos sistemas de avaliação, que, no Brasil, estiveram atrelados ao processo de reforma curricular.
   - ( ) Educação e conhecimento, assim como cidadania e competitividade, foram conceitos relacionados na reforma curricular da década de 1990 e visavam produzir maior aproximação entre educação e economia.
   - ( ) Competência e competitividade são fundamentais para uma educação crítica e emancipatória e, também, proposições dos PCN.
   - ( ) Os objetivos de uma educação que se volta para o "aprender a fazer" vinculam a educação diretamente às necessidades do mercado de trabalho.

2. As DCN Gerais para a Educação Básica no Brasil possuem como objetivo promover a articulação entre as etapas da educação básica e, para isso, valem-se dos conceitos orgânico e sequencial. Entre os seus objetivos estão, ainda:
   - I. Estimular a reflexão crítica e propositiva que deve subsidiar a formulação, a execução e a avaliação do projeto político-pedagógico da escola.
   - II. Padronizar o currículo nacional.
   - III. Orientar os cursos de formação inicial e continuada de docentes e demais profissionais da educação básica.

   Considerando as afirmações anteriores, assinale a alternativa correta:
   - a) Somente I e II estão corretas.

b) Somente II e III estão corretas.
c) Somente I e III estão corretas.
d) Todas as afirmações estão corretas.

3. As atuais DCN para a Educação Infantil indicam um conjunto de atividades que devem ser realizadas com as crianças.

   Considerando a proposição anterior, analise as afirmações a seguir:

   I. Experiências que recriem, em contextos significativos para as crianças, relações quantitativas, medidas, formas e orientações espaçotemporais.

   II. Experiências que possibilitem situações de aprendizagem mediadas para a elaboração da autonomia das crianças nas ações de cuidado pessoal, auto-organização, saúde e bem-estar.

   III. Experiências que assegurem o letramento precoce, considerando que vivemos num mundo cada vez mais fundamentado na escrita.

   Assinale a alternativa correta:
   a) Somente I e II estão corretas.
   b) Somente II e III estão corretas.
   c) Somente I e III estão corretas.
   d) Todas as afirmações estão corretas.

4. As DCN para o Ensino Fundamental estabelecem um conjunto de proposições visando à organização dessa etapa da educação básica. Assinale verdadeiro (V) ou falso (F) nas afirmações a seguir:
   (   ) Gestão democrática e participativa como garantia do direito à educação.
   (   ) A avaliação como parte integrante do currículo visa à classificação dos alunos.
   (   ) Assegurar o tratamento da diversidade em todas as modalidades da educação básica.

( ) Será dada especial ênfase à educação de tempo integral.

5. A LDBEN (Lei nº 9.394, de 20 de dezembro de 1996) explicita as finalidades do ensino médio com o objetivo de orientar a organização curricular das escolas. Entre os indicativos dessa finalidade, encontram-se:

I. A consolidação e o aprofundamento dos conhecimentos adquiridos no ensino fundamental, possibilitando o prosseguimento de estudos.

II. A preparação obrigatória para o trabalho.

III. A compreensão dos fundamentos científico-tecnológicos dos processos produtivos, relacionando a teoria com à prática.

Considerando as afirmações anteriores, assinale a alternativa correta:

a) Somente I e II estão corretas.
b) Somente II e III estão corretas.
c) Somente I e III estão corretas.
d) Todas as afirmações estão corretas.

Atividades de aprendizagem

Questões para reflexão

Após assistir ao filme *Pro dia nascer feliz*, responda às questões a seguir.

Roteiro para discussão do filme:

1. Como o filme aborda as questões da juventude, da sociedade atual etc.? Destaque cenas que evidenciem o modo como essas questões são tratadas.

2. De que modo o filme aborda a questão da escola em relação a seus alunos: as expectativas dos jovens em relação à escola, as experiências retratadas, a inclusão e a exclusão educacional etc.? Destaque cenas que evidenciem como essas questões são tratadas.

3. Como o filme caracteriza a escola: a escola propriamente dita, o trabalho do professor, os alunos, as práticas pedagógicas, a avaliação, o ensino, o fracasso escolar etc.? Dê exemplos com base nas várias realidades mostradas.

4. Descreva questões tratadas no filme que permitam discutir a legislação e a política educacional.

Atividade aplicada: prática

1. Pergunte a alguns professores se eles conhecem as DCN Gerais para a Educação Básica emitidas, em 2010, pelo CNE. Em caso afirmativo, pergunte o que eles acham desse documento e se concordam com os pressupostos e as indicações apresentados. Caso não o conheçam, organize com eles um momento de leitura e de debate sobre essas novas DCN.

3 Currículo e projeto político-pedagógico

A ação de educar tem assumido em nossa sociedade uma complexidade crescente. Por essa razão, o planejamento de tal ação adquiriu centralidade na teoria e na prática educacionais. Planejar a ação educativa pressupõe que se satisfaçam três condições: estabelecer aonde se pretende chegar, o que implica delimitar com clareza um projeto educativo; conhecer a que distância se está do ponto de chegada; estabelecer o que é preciso fazer para reduzir a distância entre o que se pretende e de onde se está partindo.

Neste capítulo, trataremos das relações entre planejamento educacional, projeto político-pedagógico (PPP) e proposta pedagógica. O ponto de referência fundamental para essa discussão é a função social da escola e os modos de organização do trabalho pedagógico. Isso porque o planejamento da educação, em seus diferentes âmbitos, depende das intenções que se explicitam num projeto de formação humana.

Com isso, trataremos inicialmente das relações entre o PPP, o currículo e a função social da escola; em seguida, discutiremos o planejamento e a organização do trabalho pedagógico escolar. Com base nas ideias desenvolvidas até então, estabeleceremos uma diferenciação conceitual entre PPP e proposta pedagógica, para, então, discutirmos as possíveis formas de organização do currículo e suas implicações na sala de aula, considerando a diversidade de espaços, tempos, saberes e sujeitos.

3.1 Projeto político-pedagógico, currículo e a função social da escola

No campo do trabalho pedagógico, as definições de finalidades, objetivos e metas se caracterizam como sinalizadores do ponto de chegada e dos caminhos necessários para alcançá-lo, sendo ações complementares ao planejamento educacional. Conforme escrevem Souza et al. (2005, p. 2, grifo do original):

> No que diz respeito ao planejamento educacional, a determinação dos pontos de chegada vai do anúncio de grandes **finalidades**, de caráter mais abrangente, que apontem para a função social que a escola tem a desempenhar, até a demarcação de **objetivos** e **metas** mais imediatos que indiquem caminhos visíveis para a realização do trabalho educativo.

O planejamento da educação já assumiu diferentes contornos ao longo da história: de formas mais tecnicistas, que privilegiavam o aprimoramento dos meios e baseavam-se em uma suposta neutralidade dos fins da educação, até a crítica a essa perspectiva, que reconhece que a ação de planejar a educação é eminentemente política. De qualquer forma, o planejamento da atividade educativa é fortemente determinado pelos sujeitos envolvidos nesse processo, pelo modo como estes entendem a função social da escola e pelas escolhas que fazem. Esse processo depende, em última instância, das visões de mundo desses sujeitos e do compromisso que eles têm com a atividade que realizam. Desse modo, tomar decisões acerca desse processo não se limita a uma questão técnica: decidir sobre os meios e os fins da educação é decidir sobre que sociedade desejamos e que homens e mulheres formaremos, tendo em vista esse projeto de sociedade. Conforme Souza et al. (2005, p. 15):

> O planejamento educacional, assim como o currículo e a avaliação na escola, enquanto componentes da organização do trabalho pedagógico, estão circunscritos fortemente a esse caráter de não neutralidade, de ação intencional condicionada pela subjetividade dos envolvidos, marcados, enfim, pelas distintas visões de mundo de propositores e executores. Desse modo, o trabalho pedagógico define-se em sua complexidade, e não se submete plenamente ao controle. No entanto, isso não se constitui em limite ou problema, mas indica que estamos diante da riqueza do processo de formação

humana, e diante, também, dos desafios que o caráter, sempre histórico, dessa formação nos impõe.

A aproximação das intencionalidades manifestadas em um projeto educativo depende de como as finalidades, os objetivos e as metas se articulam com o entendimento que se tem da função social da escola na sociedade contemporânea. Assim, fica claro que um dos elementos referenciais e orientadores do planejamento educacional é o **contexto sócio-histórico-cultural** em que a educação escolar se realiza.

Na sociedade brasileira, cuja marca histórica da educação é a seletividade, adquire relevância um projeto educativo capaz de assegurar, nos mais variados tempos e espaços, a formação de homens e mulheres que tenham condições de compreender em profundidade o mundo em quem vivem e de intervir nele de modo a transformá-lo, em direção à satisfação plena de suas necessidades. Com isso, a educação contribuiria para que se chegasse próximo do que se convencionou chamar, na nossa sociedade, de *cidadania*. Conforme escrevem Souza et al. (2005, p. 2):

> O planejamento da atividade educativa é fortemente determinado pelos sujeitos envolvidos nesse processo, pelo modo como estes entendem a função social da escola e pelas escolhas que fazem.

> A cidadania, em um contexto em que impera a exclusão de práticas sociais já consolidadas, deve ser entendida, necessariamente, como a capacidade de se compreender o caráter histórico da realidade, localizando-se nela, sendo capaz de explicá-la e de agir sobre ela de forma consciente e autônoma, de modo a garantir a produção da vida de forma digna, bem como o acesso às demais práticas sociais e atuando no sentido da superação da exclusão social e educacional.

A escola tem sido definida como o lugar de transmissão e de apropriação dos conhecimentos produzidos pela humanidade ao longo de sua história. Desse modo, seria perpetuado nas gerações mais novas o legado dessa produção. Mas de que modo essa finalidade tem se materializado? Uma rápida retrospectiva dos processos de escolarização na modernidade evidencia que a ênfase na transmissão de saberes tem se sobreposto a outras dimensões da formação humana. Mesmo a propalada transmissão do saber elaborado, isto é, a disseminação da ciência transformada pela mediação curricular em conteúdo, tem ocorrido de forma a valorizar processos assentados, muitas vezes, na simples memorização e na reprodução do que é ensinado. Aos alunos, na aparente comodidade dos bancos escolares, é reservado o papel de receptores passivos dos conhecimentos. Daí decorre a necessidade de que sejam revistas as formas escolares que sujeitaram a educação a essas finalidades e a esses métodos. Conforme Souza et al. (2005, p. 3):

> Seja com o fim de produzir a adaptação pura e simples à sociedade, seja com o fim de se apropriar desses saberes tendo como horizonte a emancipação dos indivíduos, essa finalidade, ainda que definidora da função social da escola, tem se sobreposto em relação a outras dimensões da condição humana. O privilegiamento da dimensão cognitiva tem secundarizado outras dimensões da formação, como, por exemplo, as dimensões física, social e afetiva. Desse modo, pensar uma educação escolar capaz de realizar a educação em sua plenitude implica em refletir sobre as práticas pedagógicas já consolidadas e problematizá-las no sentido de produzir a incorporação das múltiplas dimensões de realização do humano como uma das grandes finalidades da escolarização básica.

A ampliação das finalidades da educação escolar pode ser pensada se considerarmos o conjunto de necessidades que cada indivíduo possui, das mais amplas às mais específicas, tais como: potencializar o desenvolvimento físico, social, intelectual e afetivo; aprimorar as capacidades de comunicação por meio do uso das diferentes linguagens; estimular o gosto pela investigação e pela aprendizagem; valorizar o exercício do pensamento crítico, do raciocínio lógico e da capacidade de argumentação; entre outras. Nessa perspectiva, os conhecimentos presentes nos currículos assumiriam a condição de meios para se alcançar essas finalidades e perderiam o sentido que muitas vezes lhes são atribuídos: o de serem fins em si mesmos.

Como justificativa a essa proposição, recorremos a Henry Wallon (1975), para quem as ações de ensinar e de aprender possuem um **caráter multidimensional**. Conforme Wallon (1975), citado por Souza et al. (2005, p. 4, grifo do original),

> para que a aprendizagem ocorra, um conjunto de condições necessitam estar satisfeitas: a emoção, a imitação, a motricidade e o

socius, isto é, a condição da interação social. Esses quatro elementos, marcados por uma estreita interdependência, geram a possibilidade de que cada um de nós possa se apropriar dos elementos culturais, objeto de nossa formação. Na ausência de qualquer um deles, esse processo ocorre senão de forma limitada.

A escola tem privilegiado demasiadamente a dimensão cognitiva dos educandos, colocando em segundo plano ou ignorando as dimensões corpórea, social e afetiva. O aspecto emocional-afetivo tem recebido um tratamento circunstancial, reduzido a momentos considerados "problemáticos" da vida dos alunos, dentro e fora da escola. Da mesma forma, o corpo, de modo geral, é relegado às aulas de educação física, o que dificulta uma compreensão mais abrangente e contextualizada dessa dimensão do ser humano. A localização histórico-cultural dos alunos, igualmente, adquire projeção em aspectos localizados apenas em disciplinas específicas. Com isso, esquecemo-nos de que a condição humana é tudo isso, considerada em sua inteireza e complementaridade. Assim, um projeto educativo que considera o ser humano em sua multidimensionalidade será necessariamente orientado em uma direção que não seja circunscrita a apenas a uma dessas dimensões. Conforme Souza et al. (2005, p. 5):

> Tomar o educando em suas múltiplas dimensões tem como finalidade realizar uma educação que o conduza à autonomia, intelectual e moral. Qual o sentido de uma formação voltada para a produção da autonomia dos indivíduos? A educação – inclusive a escolar – possui sempre um duplo caráter: o da adaptação e da emancipação; o da produção da identidade e da diferença, e assim por diante. No entanto, a escola, historicamente, em nossa sociedade, tem privilegiado mais a adaptação do que a emancipação, mais a produção da semelhança, da padronização, do que da diferenciação. Colocar no horizonte a possibilidade de formação para a autonomia intelectual e moral dos sujeitos significa tomar um posicionamento diante desse duplo caráter da aça educativa, significa, portanto, propiciar, ao mesmo tempo, a adaptação e a emancipação, a identidade e a diferença. Esse movimento pode conduzir, com maior propriedade, à formação de homens e mulheres capazes de exercitar a autorreflexão crítica, máxima finalidade de um projeto educativo emancipatório.

Com a finalidade de viabilizar uma educação que se direcione para a autodeterminação do indivíduo é que se impõe de forma imprescindível o desenvolvimento das diversas possibilidadesde comunicação. Conforme Lev Semenovitch Vygotsky (1998), a relação entre linguagem e pensamento é determinante no desenvolvimento do ser humano. Nesse sentido, os estudos de Vygotsky mostram que "não é possível nos valermos das formas mais complexas de formalização do pensamento na ausência do pleno domínio das capacidades de expressão verbal" (Souza et al., 2005, p. 6). Por essa razão, é tão difícil compreender o fato de a fala ter sido subjugada pela escrita no processo de escolarização mais tradicional. Nesse sentido, Souza et al. (2005, p.7) assevera:

> A escola tem privilegiado demasiadamente a dimensão cognitiva dos educandos, colocando em segundo plano ou ignorando as dimensões corpórea, social e afetiva.

Como explicar a secundarização da oralidade em favor da expressão escrita, tão frequente em nossas escolas? Será que ao nos referenciarmos às grandes finalidades da escola em nossa sociedade não devemos problematizar o modo como vem se desenvolvendo a relação entre linguagem oral e escrita, entre formalização do pensamento e capacidade de comunicação? Este é um dos desafios, dentre tantos outros, que se colocam diante do planejamento da ação educativa se nos guiarmos pelo compromisso com a superação das limitações interpostas à realização de um projeto educativo de fato emancipatório.

Outro desses desafios diz respeito à necessidade de se manter vivo o **interesse**, o **gosto** e o **prazer** pela aprendizagem, tantas vezes substituídos por práticas que, ao adquirirem o caráter de obrigatoriedade, de repetição pura e simples, ou pelo fato de não fazerem sentido, desenvolvem nos alunos menos gosto e mais desmotivação, menos prazer e mais desinteresse pelo que lhes é proposto. Essa necessidade, de se manter vivo o gosto pela investigação, pelo novo, de se cultivar o prazer no acesso ao conhecimento, deve se converter num dos critérios balizadores do planejamento da ação educativa, assim como do exercício do raciocínio lógico e da autonomia do pensamento.

As finalidades até agora destacadas aliam-se a um dos grandes fins a que se tem destinado a escolarização básica: o acesso aos conhecimentos científicos básicos, bem como aos conhecimentos de outras naturezas. Muito mais do que um fim em si mesmo, o acesso ao conhecimento, convertido em saber escolar por meio das transposições didáticas, é o **meio** de que dispomos para nos aproximar da realização de um projeto educativo que tenha como horizonte o exercício da autonomia, da reflexão e da crítica.

Do que expusemos até aqui, apresentamos como relevante a indagação do **sentido** para o qual se planeja a atividade educativa. A explicitação desse sentido, dessa direção, encontra eco na atividade de **planejar o currículo**. Conforme vimos anteriormente, se entendermos por *currículo* um caminho que se faz no caminhar (Kramer, 1997), ao iniciarmos a caminhada, precisamos ter claro aonde queremos ir, ainda que neste caminhar, muitas vezes, distanciemo-nos do lugar de chegada.

O planejamento curricular traz como imperativo a busca pela unidade entre pensamento e ação, entre teoria e prática. Isso porque a relação entre teoria e prática constitui-se pressuposto fundamental das ações humanas e, portanto, também do planejamento educacional:

> A unidade entre pensamento e ação está na base da capacidade humana de produzir cultura. É na atividade orientada pela mediação entre pensamento e ação que se produzem as mais diversas práticas que compõem a produção de nossa vida material e imaterial, isto é, a cultura (Williams, 1992). Segundo esse mesmo autor, a cultura é entendida, também, como *"sistema de significações mediante o qual necessariamente [...] uma dada ordem social é comunicada, reproduzida, vivenciada e estudada"* (Williams, 1992), é portadora, portanto, da unidade entre pensamento e ação. A cultura constitui, ainda, a mediação entre o indivíduo e a sociedade, e desse modo, é o elemento privilegiado por meio do qual se realiza a formação humana. (Souza et al., 2005, p. 7, grifo do original)

A busca intencional pela convergência entre pensamento e ação encontra respaldo quando nos encontramos diante da necessidade de produzir unidade entre a teoria e a prática. No campo curricular, essa unidade traduz-se em um desafio metodológico e epistemológico, pois a intencionalidade educativa materializada na ação curricular tem como fundamento um "princípio orientador do modo como compreendemos a ação humana de conhecer uma determinada realidade e intervir sobre ela no sentido de transformá-la" (Souza et al., 2005, p. 7).

Resta-nos indagar, portanto, de que forma pode ocorrer a articulação entre pensamento e ação e entre teoria e prática, de modo a se compor a desejada convergência entre uma e outra. No campo educacional, a convergência entre pensamento e ação e a unidade entre teoria e prática materializam-se na busca pela **coerência** entre as finalidades educacionais estabelecidas no currículo e as ações desencadeadas com base nessas finalidades.

A busca pela unidade entre teoria e prática não faz, contudo, que uma e outra percam suas especificidades. A teoria, no campo das ações humanas de modo geral e da escolarização em particular, tem uma dupla dimensão: explicativa e prescritiva. Por sua dimensão **explicativa**, a teoria possibilita a compreensão aprofundada dos fenômenos naturais e sociais. Na dimensão **prescritiva**, a teoria indica as possibilidades de intervenção na realidade. Disso decorre que a prática não é mero espelhamento da teoria: por vezes, ocorre uma maior proximidade entre teoria e prática; em outras vezes, assistimos ao distanciamento entre uma e outra. Assim, a maior ou a menor convergência entre teoria e prática e entre intenção e ação converte-se em um critério balizador das ações educacionais.

> O **conhecimento** é a "matéria-prima" do trabalho pedagógico escolar. Dada sua condição de ser produto histórico-cultural, isto é, de ser produzido e elaborado pelos homens por meio da interação que travam entre si no intuito de encontrar respostas aos mais diversificados desafios que se interpõem entre eles e a produção da sua existência material e imaterial, o conhecimento articula-se aos mais variados interesses. Na medida em que a produção, elaboração e disseminação do conhecimento não são neutras, planejar a ação educativa, assim como **educar** propriamente dito, é uma ação política que envolve posicionamentos e escolhas articulados aos modos de compreender e agir no mundo. (Souza et al., 2005, p. 14, grifo do original)

Com isso, fica evidente a centralidade do conhecimento diante das práticas curriculares, bem como a intrínseca relação entre teoria e prática, elementos balizadores do planejamento educacional.

3.2 O planejamento e a organização do trabalho pedagógico escolar

O trabalho pedagógico pode ser definido como a ação que se coloca em movimento com o objetivo de realizar um projeto educativo, um projeto de formação humana. Desse ponto de vista, o trabalho pedagógico tem como elementos constituintes o **planejamento**, o **currículo**, a **avaliação** e os meios que permitem articular esses elementos aos **sujeitos**, aos **tempos**, aos **espaços** e aos **saberes** aos quais o trabalho pedagógico se refere. Diz respeito, também, aos diferentes **âmbitos** do planejamento, do currículo e da avaliação: o âmbito do sistema educacional, o da escola e o do ensino propriamente dito. O esquema a seguir ilustra essa natureza complexa do trabalho pedagógico.

Figura 3.1 – Trabalho pedagógico: elementos constitutivos

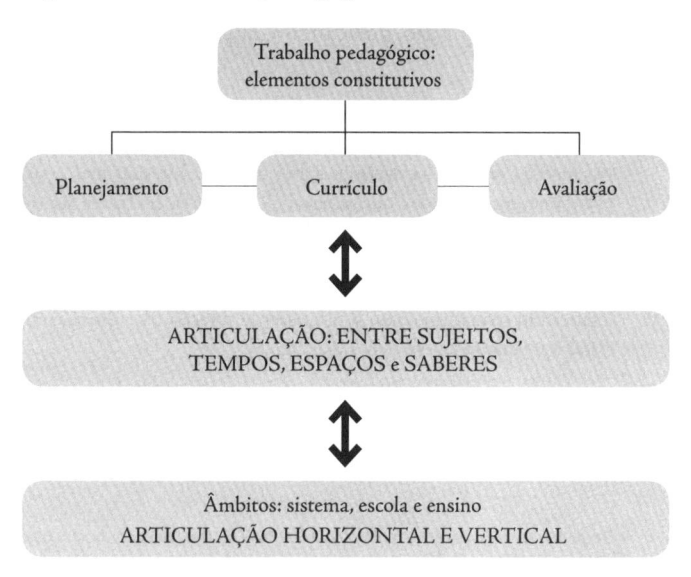

```
                    Trabalho pedagógico:
                   elementos constitutivos
                            |
        ┌───────────────────┼───────────────────┐
   Planejamento          Currículo           Avaliação
                            ↕
        ARTICULAÇÃO: ENTRE SUJEITOS,
           TEMPOS, ESPAÇOS e SABERES
                            ↕
         Âmbitos: sistema, escola e ensino
        ARTICULAÇÃO HORIZONTAL E VERTICAL
```

Com isso, a definição de um projeto educativo, objeto de todo planejamento educacional, tem como aspecto central a **ação curricular**. Nesse sentido, o currículo se constitui em mediador das relações pedagógicas e em objeto central da experiência formativa dos alunos. É, assim, elemento essencial na articulação do trabalho pedagógico em suas múltiplas dimensões: articulação entre fins e meios; entre seus elementos constitutivos; entre sujeitos, tempos, espaços e saberes; entre sistemas e redes de ensino, escola e ação docente.

Por ser intencional, nenhum ato educativo é neutro; logo, também não o é o trabalho pedagógico escolar. Disso decorre o fato de que planejar a ação curricular passa pela tensão das relações de poder existentes dentro e fora da escola. Assim, devemos indagar de que forma tais relações de poder são instituídas e o que decorre delas em termos de projeto formativo. Isso porque o "currículo se compõe pela construção de significados e de valores culturais, e estes estão relacionados à dinâmica de produção do poder na sociedade" (Souza et al., 2005, p. 12). Dessas relações de poder e das disputas nelas presentes derivam os significados da ação curricular, que são, desse modo, impostos e contestados (Silva, 2000).

Conforme Souza et al. (2005, p. 13, grifo do original),

> Na medida em que as decisões sobre o currículo estão marcadas pelas relações de poder que se estabelecem na sociedade e na escola, podemos situá-lo como o modo como a escola se "organiza" e se "apropria" da cultura, faz determinadas "representações" dela e produz práticas com vistas à formação humana. Dito de outro modo, o currículo se institui como o processo de **seleção da cultura** com vistas à formação das gerações mais novas.

O currículo, como seleção da cultura, é explicado da seguinte forma por José Gimeno Sacristán (1996a, p. 34-35, grifo nosso):

> Se o currículo – como se costuma afirmar – é uma seleção da cultura, trata-se, entretanto, de uma cultura *sui generis*, uma versão particular da cultura; não apenas pelo fato de ser uma seleção com determinados critérios, como as definições mais comuns costumam reiterar, mas pelo formato que adotam. [...] Por esta razão, ao falar de cultura e currículo na escolarização é preciso estabelecer não apenas as relações entre ambos os termos, considerando que a cultura diz respeito

a conteúdos, processos ou tendências **externos** à escola e o currículo a conteúdos e processos **internos**, tentando explicar o que ocorre neste último como consequência do que se trama na cultura exterior; é preciso, também, explicitar os **códigos** e mecanismos tipicamente escolares pelos quais a **cultura curricularizada** passa a ser um artefato especial com significado próprio, embora relacionado com o que ocorre no pano de fundo externo.

Os modos pelos quais se realiza essa seleção da cultura podem ser compreendidos quando tomamos como referência as experiências curriculares que historicamente se consolidaram nas escolas. Tais experiências compõem aquilo que podemos chamar de *cultura escolar*, formada pelos modos de organização do trabalho pedagógico e pelos códigos gerados com base neles: "O currículo torna-se, com base nessa abordagem, expressão da prática e da função social da escola" (Souza et al., 2005, p. 13).

Assim, o trabalho pedagógico se realiza por meio das ações que permitem colocar em prática um projeto educativo: desde o planejamento da escola como um todo (PPP) até o planejamento do currículo, de modo mais específico (proposta pedagógica), passando pelos movimentos que deles decorrem e culminam com o propriamente dito ato de ensinar e aprender, o **currículo em ação**, incluindo aí a avaliação do trabalho realizado.

3.3 Projeto político-pedagógico e proposta pedagógica

Por PPP entendemos a ação por meio da qual o corpo coletivo de trabalho de uma escola se organiza, tendo em vista o planejamento da ação educativa e as ações em conformidade com as decisões tomadas. É comum referir-se ao PPP limitando-o a um documento elaborado tendo como único objetivo cumprir finalidades burocráticas. Essa limitação da ideia de PPP a um texto, muitas vezes produzido por duas ou três pessoas da escola, quando não simplesmente copiado de uma escola para outra, decorre do modo como os sistemas educacionais buscam assegurar alguma espécie de controle sobre as instituições escolares, além de ter como consequência a perda ou a fragilização das potencialidades crítica e emancipatória presentes na origem dessa expressão.

O planejamento da educação na forma de um PPP tem origem no momento histórico da redemocratização do Brasil, na primeira metade da década de 1980. Nesse contexto, passam pelo crivo do apelo democratizante todas as atividades vividas em sociedade.

No campo da educação, assistimos ao movimento da crítica ao tecnicismo, que deu origem às proposições da pedagogia histórico-crítica e de outras perspectivas relacionadas aos arranjos curriculares, mais democráticos, emancipatórios e comprometidos com os sujeitos envolvidos na tarefa de educar. Vimos também a consolidação das propostas de uma avaliação educacional que fosse além das finalidades classificatória e quantitativa e que adquirisse o caráter de avaliação diagnóstica, processual e formativa. Assistimos ao debate em torno da gestão escolar, além de termos sido também protagonistas. De um modelo autocrático e centralizador, vimos a emergência de uma perspectiva participativa, que primava pela autonomia dos sujeitos e das instituições e que valorizava o diálogo como meio para as decisões colegiadas. Com isso, a gestão democrática da escola demandava uma forma democrática de planejamento educacional: essa é a origem da ideia do PPP.

> "O currículo torna-se, com base nessa abordagem, expressão da prática e da função social da escola" (Souza et al., 2005, p. 13).

PPP é, portanto, a ação de planejar a atividade educativa, tendo como base os princípios da gestão democrática – autonomia, participação, descentralização, decisões colegiadas, eleição dos dirigentes escolares – e como processos o diálogo e a alteridade.

Do processo de reflexão coletiva sobre a escola, tomamos como objeto sua história, seu entorno, os educadores e os educandos que dela fazem parte, bem como as condições em que o trabalho pedagógico se realiza. Buscamos conhecê-los em profundidade com o objetivo de delinear um projeto educativo, uma intenção de ação transformadora e de intervenção na realidade. Devemos procurar também conhecer e caracterizar a realidade, seus problemas e suas limitações, tendo em vista a demarcação de objetivos, de metas e de ações que permitam superá-los. Entre as ações que devem ser planejadas, está o currículo, isto é, a definição de um percurso formativo que oriente o processo de apropriação da cultura que irá compor a formação das crianças, dos adolescentes, dos jovens e dos adultos:

> não [...] [estabelece] diferença conceitual entre proposta pedagógica e currículo; [...] [compreende] currículo ou alternativa curricular de forma ampla, dinâmica e flexível. Um currículo ou proposta pedagógica, para ela, reúne tanto as bases teóricas quanto as diretrizes práticas nelas fundamentadas, bem como aspectos de natureza técnica que viabilizam sua concretização. (Kramer, 2002, p. 74)

Sendo assim, PPP e proposta pedagógica/currículo se articulam em torno de um projeto educativo comum. O primeiro é mais amplo, pois diz respeito à escola como um todo; o segundo refere-se de forma direta ao processo de ensino-aprendizagem e tem como objetos a organização do conhecimento e a forma e o conteúdo da experiência formativa. Portanto, a proposta pedagógica é parte integrante do PPP.

> Projeto político-pedagógico é, portanto, a ação de planejar a atividade educativa, tendo como base os princípios da gestão democrática: autonomia, participação, descentralização, decisões colegiadas, eleição dos dirigentes escolares; e que tem como processos o diálogo e a alteridade.

3.4 Formas de organização do currículo e suas implicações na sala de aula: espaços, tempos, saberes e sujeitos

Na elaboração de uma proposta pedagógica, conforme escreve Kramer (2002, p. 74), é necessário considerar que

> Toda proposta é situada, traz o lugar de onde fala e a gama de valores que a constitui; revela dificuldades que enfrenta, problemas que precisam ser superados e a direção que a orienta, expressando uma vontade política, que por ser social e humana, não é nunca uma fala acabada, não aponta "o" lugar, "a" resposta, mas um caminho também a construir.

Kramer (2002) chama a atenção para o fato de que, na busca pelo novo que irá compor uma proposta pedagógica, podemos negar a experiência já acumulada. Por essa razão, entendemos que a tensão entre o "velho" e o "novo" deva ser balizada pelos sujeitos que refletem e decidem sobre os rumos dessa proposta. Conforme Kramer (2002, p. 74):

> Uma proposta pedagógica expressa os valores que a constituem, e está ligada a essa realidade, enfrentando seus mais agudos problemas. Precisa ser construída com a participação de todos os sujeitos – crianças e adultos, professores/educadores e profissionais não docentes, famílias e população em geral – levando em conta suas necessidades, especificidades, realidade. Isso aponta, ainda, para a impossibilidade de uma proposta única, posto que a realidade é múltipla e contraditória. Toda proposta precisa partir de uma concepção de infância como categoria social, compreendendo a criança inserida na história e na cultura.

No processo de elaboração de uma proposta pedagógica, é necessário que um conjunto de fatores seja satisfeito, desde a linguagem até a condição de que os autores e os leitores da proposta sejam identificados e atendidos em seus interesses e suas necessidades. Por isso, mesmo diante de uma política curricular, é necessário que os professores não sejam vistos nem se vejam como meros executores. Daí a importância de que se conduzam por critérios claramente definidos, tendo como objetivo promover uma análise aprofundada e crítica do que é proposto. Para tanto, Kramer (1997, p. 23) sugere um conjunto de critérios, distribuídos em três grandes ordens de perguntas: "há que se perguntar sobre o(s) autor(es) da proposta e seu processo de produção; o conteúdo/produto do texto; os interlocutores a quem se dirige". A autora sugere, ainda, que para cada um desses participantes, um conjunto de perguntas seja respondido.

Assim, sobre os **autores** da proposta, Kramer (1997, p. 24) sugere que se questione, entre outras coisas:

> Quem produziu a proposta? Como foi produzida? Quais os participantes dessa produção e em que condições a proposta foi elaborada? Por outro lado, cabe indagar: O texto permite escutar/ler as vozes dos vários participantes do processo de implementação da proposta (da concepção teórica à execução prática)? O texto da proposta encontra-se escrito? Qual a concepção de proposta pedagógica do

texto em análise? Supõe que a sua é uma dentre as muitas alternativas, ou a considera como a única, trazendo uma palavra monológica, autoritária, que dita o que deve e o que não deve ser feito, de maneira normativa, cheia de jargões e estruturas prontas condutoras da prática? A proposta apresenta diretrizes que resultam de experiências anteriores cujo percurso na história é resgatado, ou traz modelos a serem seguidos como se não tivessem efetivamente uma autoria, um autor vivo, nos termos de que fala Dietszch (1991), ao discutir cartilhas? Para quem o texto da proposta em questão se dirige: professores, escolas, famílias, crianças, supervisores, diretores? Dirige-se a alguém? Há indícios, no texto da proposta, de que tais leitores esperados serão levados em conta como coautores da proposta, podendo questioná-la, modificá-la etc.? Há mecanismos de interação previstos? Quais?

Kramer (1997, p. 26-27) propõe ainda que se indague sobre os **leitores** da proposta: Que tipo de texto irão encontrar? Qual "aposta" ele contém?

Do mesmo modo, tendo em vista uma análise aprofundada de uma proposta pedagógica, a autora indica que também se deve perguntar acerca do **texto** propriamente dito:

> Qual a direção, o sentido, o objetivo, o para que da proposta em análise? Os objetivos são relacionados à situação concreta da educação naquele estado ou município? Ou seja, a proposta apresentada é dimensionada à realidade da educação das crianças, dos jovens ou dos adultos daquela localidade? E quem são as crianças, os adolescentes e/ou os adultos a quem se dirige a proposta? [...] Os fundamentos teóricos da proposta curricular são explicitados? Qual a concepção subjacente ou explícita de infância, homem, educação, conhecimento, cultura? Que áreas do conhecimento baseiam a proposta e qual o enfoque privilegiado? Há coerência na abordagem entre os objetivos arrolados e as ações previstas? Há coerência entre essas bases teóricas e as reais condições de implementação da proposta? Como são articuladas as áreas do conhecimento no interior da proposta pedagógica? Encontram significado no cotidiano escolar? Tais conhecimentos estão de acordo com as necessidades do contexto, privilegiando aspectos sociais e culturais ou são priorizados os chamados conteúdos escolares? Quanto à dimensão ética: Que valores permeiam a proposta? Ordem e obediência; autonomia e cooperação; respeito e manutenção das diferenças; mudança e enfrentamento da desigualdade? Estão explícitos esses valores? Representam os valores da coletividade que elaborou a proposta? Respeitam a multiplicidade de valores do contexto a que se destina a

proposta? É importante também indagar: Qual a concepção de proposta pedagógica/currículo presente na proposta em análise? É um procedimento burocrático a ser cumprido ou um instrumento que, colocado nas mãos dos profissionais, pode ser apropriado e reapropriado por eles, pode ser mudado, criticado, superado? A proposta considera (I) a diversidade no ponto de partida (diferenças sociais, culturais, étnicas, éticas) tanto de crianças, jovens, famílias, populações a quem se destina, quanto dos profissionais que trabalham nas suas redes; (II) a necessária unidade no ponto de chegada (uma mesma qualidade, acesso aos conhecimentos que são, em última instância, produzidos por todos) e, consequentemente, (III) a multiplicidade de caminhos necessários? (Kramer, 1997, p. 24)

As perguntas anteriores são orientadoras da elaboração de uma proposta pedagógica, ou seja, ao participarmos do trabalho coletivo de construção de um texto ou de uma proposta curricular, é importante cuidar para que, no texto produzido, estejam presentes os elementos relacionados na citação anterior.

No que diz respeito à **organização dos saberes**, os arranjos curriculares mais tradicionais tomam como referência para a organização do conhecimento escolar as ciências que produziram tais conhecimentos. Por meio de um processo denominado *transposição didática*, o percurso realizado pelo conhecimento científico a ser convertido em "conteúdo" tomaria por base critérios como a idade, a trajetória escolar e os objetivos, entre outros.

O currículo por disciplinas tem o mérito de ser centrado no conhecimento produzido pela humanidade e na busca por sua democratização. No entanto, ele se mostra problemático quando trata do acesso ao conhecimento como simples processo de memorização de uma sequência de informações distribuídas linearmente por ordem de complexidade. Por isso, a fragmentação do conhecimento desde a mais tenra idade tem se mostrado incapaz de permitir aos estudantes o domínio do método da produção da ciência, pois eles se tornam receptores, muitas vezes passivos, de um saber a eles estranho. Além disso, verificamos que, ao longo do tempo, essa forma de organização do currículo hierarquizou as disciplinas, conferindo maior relevância a algumas em detrimento de outras. Isso se verifica, por exemplo, quando observamos a distribuição temporal das disciplinas que compõem a chamada *grade curricular*.

Várias têm sido as tentativas de se enfrentar e superar os limites do currículo organizado por disciplinas: interdisciplinaridade, projetos, eixos temáticos, transversalidade, entre outros arranjos curriculares, têm ocupado o universo de preocupações quando se trata de pensar formas de organizar um currículo mais flexível. As tentativas de promover a interdisciplinaridade, isto é, a inter-relação entre os campos do conhecimento na escola, muitas vezes não extrapolam a análise de um mesmo assunto por disciplinas diversas, permanecendo, desse modo, em um campo estritamente disciplinar. Além disso, os limites dessas tentativas tocam preocupações como secundarizar o acesso ao conhecimento em favor de uma perspectiva centrada nas atividades e tarefas realizadas pelos alunos. Desse modo, permanece o desafio de pensarmos em novos arranjos curriculares, capazes de superar os limites das experiências curriculares comumente praticadas.

Sobre os **sujeitos** envolvidos no processo de escolarização, entendemos necessárias ainda algumas reflexões. No que se refere aos **professores**, devemos lembrar que eles se constituem mediadores entre a sociedade e os alunos e, portanto, "não reproduzem simplesmente de um modo receptivo algo já estabelecido" (Adorno, 1995, p. 112). A natureza complexa do trabalho do professor comporta as contradições que o situam ao mesmo tempo como sujeito e como objeto da formação do aluno:

> Os professores têm tanta dificuldade em acertar justamente porque sua profissão lhes nega a separação entre seu trabalho objetivo – e seu trabalho em seres humanos vivos é tão objetivo quanto o do médico, nisto inteiramente análogo – e o plano afetivo pessoal, separação possível na maioria das outras profissões. Pois seu trabalho realiza-se sob a forma de uma relação imediata, um dar e receber, para a qual, porém, este trabalho nunca pode ser inteiramente apropriado sob o jugo de serem seus objetivos altamente mediatos. Por princípio, o que acontece na escola permanece muito aquém do passionalmente esperado. Nesta medida, o próprio ofício do professor permaneceu arcaicamente muito aquém da civilização que ele representa. Um tal arcaísmo correspondente à profissão do professor como tal não apenas promove os símbolos arcaicos dos professores, mas também desperta os arcaísmos no próprio comportamento destes, quando ralham, repreendem, discutem etc.; atitudes tanto próximas da violência física quanto reveladoras de momentos de franqueza e insegurança. Mas, se o professor não reagisse subjetivamente,

se ele realmente fosse tão objetivo a ponto de nunca possibilitar reações incorretas, então pareceria aos alunos ser ainda mais desumano e frio, sendo possivelmente ainda mais rejeitado por ele. (Adorno, 1995, p. 112-113)

> A relação entre escola e sociedade é, portanto, uma chave decisiva para a transformação individual e social.

Do lado dos **alunos**, a relação com a escola e com os professores apresenta-se sob a suspeita de quem, para Adorno (1995, p. 112), "é retirado da *primary community* (comunidade primária) de relações imediatas, protetoras e cheias de calor, frequentemente já no jardim de infância, e na escola experimenta pela primeira vez de um modo chocante ríspido, a alienação". Adorno (1995, p. 112) lembra ainda que "o agente dessa alienação é a autoridade do professor, e a resposta a ela é a apreensão negativa da imagem do professor. A civilização que ele lhes proporciona, as privações que lhes impõe, mobilizam automaticamente nas crianças as imagens do professor que se acumularam no curso da história".

Ainda que as relações estabelecidas na escola e travadas diretamente entre professores e alunos se assentem em princípios ordenados segundo uma lógica impositiva, tais relações mostram-se necessárias, sobretudo em uma sociedade que, por sua complexidade, retira cada vez mais das instâncias próximas – como a família – a possibilidade do convívio e remete os alunos à sociedade. A relação entre escola e sociedade é, portanto, uma chave decisiva para a transformação individual e social.

Síntese

Neste capítulo, tratamos das relações entre planejamento educacional e currículo. Vimos que o planejamento é o elemento do trabalho pedagógico em que são delimitadas as finalidades da educação. Com o fim de elucidar esse propósito, realizamos inicialmente uma discussão sobre a função social da escola e a intencionalidade da educação; tratamos também da especificidade da organização do trabalho pedagógico escolar, considerando que ele se faz pela articulação entre planejamento, currículo e avaliação. Com base nessas questões de natureza conceitual, abordamos as formas atuais de se planejar o trabalho pedagógico escolar: o PPP e a proposta pedagógica ou proposta curricular.

Por PPP compreendemos a ação de se planejar a escola, considerando seu corpo coletivo de trabalho, seus múltiplos sujeitos, tempos e espaços. Como parte dele, temos o currículo, a proposta curricular ou proposta pedagógica. Esta define mais claramente o projeto de formação desejado, assim como os caminhos escolhidos visando à sua realização.

Indicações culturais

Filme

ENTRE os muros da escola. Direção: Laurent Cantet. Produção: Caroline Benjo, Carole Scotta, Barbara Letellier e Simon Arnal. França: Sony Pictures Classics/ Imovision, 2008. 128 min.

Esse filme chama a atenção para uma problemática extremamente atual e que ocupa lugar importante quando tratamos da educação, da sociedade e do currículo. No filme, cuja história se passa na França, um professor se vê em meio a alunos originários de diferentes lugares culturais, geográficos e geopolíticos. Como agir em meio à diversidade e às relações de poder que elas comportam? Essa é a temática do filme. Recomendamos que você o assista e, com base nele, reflita sobre a difícil tarefa de planejar um currículo.

Atividades de autoavaliação

Responda às questões a seguir e depois compare com o texto deste capítulo. Faça uma análise dos resultados dessa comparação. Retome o texto se necessário e recorra à bibliografia comentada ao final da obra.

1. Considerando as ideias tratadas neste capítulo acerca do planejamento educacional, assinale (V) para verdadeiro e (F) para falso:

( ) A educação escolar, desde sempre, privilegiou em seu planejamento as múltiplas dimensões do ser humano: cognitiva, emocional, social e corpórea.

( ) Por ser intencional, nenhum ato educativo é neutro. Isso explica porque planejar a educação é um ato político.

( ) Projeto político-pedagógico é o mesmo que documento normativo da escola.

( ) Proposta pedagógica, proposta curricular ou currículo referem-se à definição das intenções educativas, ainda que elas nem sempre se realizem conforme o planejado.

2. Assinale verdadeiro (V) ou falso (F) nas considerações a seguir acerca dos conceitos de projeto político-pedagógico e de proposta pedagógica:

( ) Projeto político-pedagógico é a ação de planejar a atividade educativa.

( ) Não há relação entre projeto político-pedagógico e gestão da escola, pois esta cabe exclusivamente ao gestor.

( ) Proposta pedagógica é o mesmo que projeto político-pedagógico.

( ) Proposta pedagógica se refere à organização curricular da escola.

3. Sonia Kramer (1997) indica que a avaliação de um currículo deve buscar respostas para três ordens de questões: quanto aos autores, ao texto e aos leitores da proposta curricular. Considerando isso, assinale verdadeiro (V) ou falso (F) nas afirmações a seguir:

( ) Saber quem são os autores é irrelevante se a proposta satisfizer os critérios técnicos.

( ) O texto de uma proposta deve deixar claro o sentido em que a educação deve ser realizada.

( ) O texto curricular, para ser eficiente, deve explicitar os conteúdos e a metodologia, sendo secundários os valores que o permeiam.

( ) A linguagem do texto curricular adquire relevância em função de seus leitores.

4. Entre as formas de organização dos saberes na escola, encontra-se a interdisciplinaridade. Analise as afirmações a seguir sobre essa questão:

   I. A interdisciplinaridade é a busca da inter-relação entre diferentes campos do conhecimento.
   II. A interdisciplinaridade é uma forma de integração curricular.
   III. A interdisciplinaridade tem como propósito enfrentar os limites do currículo disciplinar.

   Assinale a alternativa correta:
   a) Somente I e II estão corretas.
   b) Somente II e III estão corretas.
   c) Somente I e III estão corretas.
   d) Todas as afirmações estão corretas.

5. Considere as afirmações a seguir a respeito da relação professor-aluno, com base no pensamento de Theodor Adorno (1995):

   I. Os professores são mediadores entre a sociedade e os alunos, não sendo, portanto, meros repassadores de algo já estabelecido.
   II. Os professores devem manter sob controle suas reações afetivas e agir racionalmente.
   III. A natureza complexa do trabalho do professor comporta as contradições que o situam, ao mesmo tempo, como sujeito e como objeto da formação dos alunos.

   Assinale a alternativa correta:
   a) Somente I e II estão corretas.
   b) Somente II e III estão corretas.
   c) Somente I e III estão corretas.
   d) Todas as afirmações estão corretas.

Atividades de aprendizagem

Questões para reflexão

1. Procure saber se o município em que você reside possui uma proposta curricular para a rede de escolas. Se possuir, em qual sentido essa proposta aponta? O que ela define como currículo? Como compreende os processos de ensino-aprendizagem? Relacione as orientações dessa proposta ao que discutimos sobre as teorias do currículo (Seção 1.2).

2. Após assistir ao filme *Entre os muros da escola*, reflita sobre a ideia de que a educação é, ao mesmo tempo, processo de produção da identidade e da diferença nos indivíduos. Que conclusão podemos tirar dessa reflexão quando estivermos diante da tarefa de colaborar na elaboração de um projeto educativo, de uma proposta curricular?

Atividade aplicada: prática

Propomos que você analise a proposta pedagógica de uma escola. Para isso, considere o seguinte roteiro:

- No texto da proposta pedagógica/currículo da escola estão claramente explicitados as intenções, as finalidades e os objetivos da educação em geral e do ensino em particular? Sintetize essas intenções.

- A linguagem desses documentos é adequada a quem eles se destinam? É possível compreender o que o professor deve fazer para concretizar essa proposta?

- O tempo destinado ao que é proposto para cada área pode ser considerado adequado?

- Os conteúdos são adequados aos sujeitos a quem se destinam (os alunos: idades; interesses; condições de aprendizagem)?

- A escola dispõe de condições materiais para realizar a proposta anunciada (espaço físico; equipamentos etc.)?

4 A gestão da proposta pedagógica no espaço escolar

Este capítulo tem como objetivo sistematizar algumas ideias acerca das relações entre métodos de produção do conhecimento e metodologia de ensino, bem como suas decorrências para o currículo e para a ação docente. Tomamos como ponto de partida o pressuposto de que existe uma íntima relação entre o processo por meio do qual o homem produz conhecimentos e o modo pelo qual esses conhecimentos são ensinados e apropriados pelas novas gerações. Em se tratando da escola, buscamos evidenciar as inter-relações entre produção do conhecimento – o que pressupõe um **método** – e a transmissão/apropriação desse conhecimento – o que pressupõe uma **metodologia**.

O capítulo está organizado em três subitens. No primeiro, discutimos a questão da objetividade nas ciências e a abordagem do método, em uma perspectiva dialética. A segunda parte do texto destaca, com base na discussão anterior, certos pressupostos para pensarmos a organização do conhecimento na escola. Por fim, na terceira parte, sugerimos alguns encaminhamentos com o objetivo de consolidar o planejamento e a metodologia de ensino em uma perspectiva crítica de educação, que conduza à emancipação humana.

4.1 As questões da objetividade nas ciências e do método

A forma de compreendermos a realidade não é única nem permanece a mesma, posto que resulta das condições objetivas do desenvolvimento histórico em sua base material e, necessariamente, das formas que os sujeitos históricos utilizam para dar respostas às suas necessidades concretas, bem como do conhecimento produzido diante de tais necessidades. Por essa realidade estar fundamentada nas condições materiais, podemos incluir aspectos diferentes e essenciais que compõem a organização social como um todo: as necessidades que caracterizam determinado momento histórico em determinada sociedade; a organização social e as condições objetivas que permitem encontrar respostas para essas necessidades; a produção das ideias e das práticas que conformam a produção da vida humana como práxis histórico-cultural. Esses aspectos determinam uma **identidade** para o conhecimento elaborado, porque são reveladores do momento histórico em que o conhecimento e o método foram produzidos.

Assim, podemos afirmar que o método científico é determinado historicamente e que, como consequência disso, ao longo da história emergem diferentes perspectivas teóricas que tratam de maneiras distintas a questão das **relações entre sujeito e objeto** nos processos de produção e de elaboração do conhecimento e, portanto, a questão da **objetividade** das ciências.

Ao analisar o processo de produção do conhecimento, podemos verificar mudanças de concepções que traduzem diferentes formas de se ver a realidade: caminhos para a construção e para a obtenção de conhecimentos que desencadeiam, necessariamente, uma transformação no próprio conhecimento. Essas mudanças no processo de construção da ciência e no conhecimento por ela produzido provocam também mudanças e novas possibilidades de interferência do homem sobre a natureza e sobre a realidade de maneira geral. Nesse aspecto, também ocorrem mudanças no movimento do pensamento em direção ao objeto a ser conhecido e, portanto, mudanças de tratamento na relação entre os sujeitos que conhecem e os objetos a serem conhecidos. Dito de outro modo, o método de produção do conhecimento é uma construção histórica.

Destacamos, a seguir, três perspectivas metodológicas que demarcaram posicionamentos distintos acerca da objetividade das ciências e dos métodos de produção do conhecimento: o positivismo, o historicismo e o marxismo, conforme Löwy (1987)[1]. Essas perspectivas teórico-metodológicas caracterizam um intenso debate epistemológico no conjunto das ciências em geral e demonstram, como afirma Löwy (1987), "o estilo de pensamento socialmente condicionado".

O **positivismo** traduz uma visão de mundo assentada na tradição de produção científica das ciências naturais com a intenção clara de produzir uma análise sociológica neutra, livre de valores e de concepções ideológicas. Ao transportar esse olhar próprio do método construído, tendo em vista o conhecimento dos fenômenos naturais, para as ciências sociais, o positivismo procura mostrar que a objetividade nas ciências sociais consiste, no molde do modelo científico-natural, em privilegiar o objeto, desconsiderando o sujeito no processo de construção do conhecimento, desenvolvendo assim a doutrina da neutralidade axiológica do saber.

> O método de produção do conhecimento é uma construção histórica.

Löwy (1987, p. 17, grifo do original) destaca as premissas do positivismo:

---

[1] Michael Löwy, ao analisar a constituição história da sociologia do conhecimento que emerge com a ciência moderna, diante do problema "Quais são as condições para tornar possível a objetividade nas ciências sociais?", distingue os posicionamentos assumidos por diferentes perspectivas teóricas consideradas clássicas no arcabouço desse campo de estudo. São elas: o positivismo, o historicismo e o marxismo. Do positivismo dialoga com as proposições, dentre outros, de Augusto Comte, Max Weber e Karl Popper; do historicismo analisa as proposições de W. Dilthey e Karl Mannheim, principalmente; no âmbito do marxismo, destaca as proposições de Karl Marx, Rosa Luxemburgo e outros pensadores da Segunda Internacional, além de G. Lukács, A. Gramsci e dos teóricos da Escola de Frankfurt (T. Adorno, M. Horkheimer e H. Marcuse). Löwy evidencia que, do modo como se coloca para cada uma dessas perspectivas a questão da objetividade nas ciências, decorrem implicações acerca do método de produção do conhecimento.

O positivismo – em sua figuração "ideal-típica" –, está fundamentado num certo número de premissas que estruturam um "sistema" coerente e operacional:

1. A sociedade é regida por leis naturais, isto é, leis invariáveis, independentes da vontade e da ação humanas; na vida social, reina uma harmonia natural.

2. A sociedade pode, portanto, ser epistemologicamente assimilada pela natureza (o que classificaremos como "naturalismo positivista") e ser estudada pelos mesmos métodos, *démarches* e processos empregados pelas ciências da natureza.

3. As ciências da sociedade, assim como as da natureza, devem limitar-se à observação e à explicação causal dos fenômenos, de forma objetiva, neutra, livre de julgamentos de valor ou ideologias, descartando previamente todas as prenoções e preconceitos.

Esse posicionamento necessariamente leva o positivismo a negar o condicionamento histórico e social do conhecimento. Tais postulados científicos são formulados com base na busca do conhecimento sobre os fenômenos naturais. Sendo assim, o que podemos fazer diante das leis naturais? Essa perspectiva engendra um julgamento de valor com base na lógica natural e, portanto, dela decorrem princípios que fortalecem uma concepção de imutabilidade da sociedade e uma naturalização da organização social. Por estar centrada no objeto a ser conhecido com base em uma pretensa neutralidade, a ciência, independentemente do sujeito que a produz, comportaria sempre as mesmas conclusões: eis o argumento da neutralidade axiológica.

A perspectiva metodológica positivista foi questionada pelo historicismo e pelo marxismo, que se distanciam no que se refere à possibilidade de compreensão objetiva da realidade. A ruptura entre essas escolas está justamente em que o primeiro, por estar centrado no objeto a ser conhecido, baseando-se em uma suposta neutralidade (objetividade para o positivismo), elimina ou neutraliza o sujeito.

Em contrapartida, para o **historicismo**, dependendo de onde o sujeito vê um determinado objeto, abre-se um leque de explicações diferentes. Essa perspectiva resgata o sujeito da relação sujeito-objeto no processo de construção do conhecimento, mas acaba causando uma espécie de relativismo, ao conferir demasiada importância ao papel do sujeito. Para Löwy (1987, p. 67), "contrariamente ao positivismo, o historicismo conservador contém em germe uma dimensão relativista: se todo fenômeno social ou cultural é histórico (portanto limitado no tempo), o ponto de vista do historiador não seria ele próprio historicamente relativo?".

> Considerando esse aspecto, o historicismo deixa sempre uma dúvida: Quando se pode afirmar que determinado conhecimento é ciência e quando esse conhecimento é apenas especulação do sujeito, do espírito?

Diante dessa indagação, parece haver uma fusão entre sujeito e objeto. No entanto, essa perspectiva teórico-metodológica fornece uma contribuição importante: a percepção lúcida da historicidade das ciências. As ciências humanas, por exemplo, não escapam do condicionamento histórico geral, ou seja, cada concepção de mundo é historicamente condicionada. Essa é uma importante contribuição, pois, com base nisso, são repensados os critérios de construção de conhecimento e de verdade pautados no rigor científico, baseando-se em categorias que de fato possibilitem a compreensão mais aprofundada da realidade.

O **marxismo** distancia-se do positivismo e do historicismo no que se refere à relação entre sujeito e objeto, pois assevera que existe uma relação dialética entre um e outro, isto é, uma relação de interdeterminação que está na base da construção histórica da sociedade e do indivíduo, bem como dos modos de se conhecê-los. Logo, a objetividade na produção do conhecimento está condicionada pela ótica (de classe social) do sujeito que o produz, portanto, nunca é neutra. O materialismo marxista tem como objetivo, assim, a proposição de uma teoria crítica da sociedade, ao negar uma concepção estática de mundo, sem a intervenção dos sujeitos, o que acabaria por gerar a negação da própria história.

As formulações teóricas fundadas no marxismo têm dialogado intensamente com a educação e com o currículo. É dessa perspectiva que as proposições acerca do desenvolvimento humano elaboradas por L. S. Vygotsky contribuem em muito para pensarmos as relações entre aprendizagem e desenvolvimento e entre linguagem e pensamento.

4.2 A abordagem do método na perspectiva histórico-cultural

O método da produção do conhecimento na perspectiva marxista fundamenta a abordagem histórico-cultural do desenvolvimento humano e traz uma forma específica de compreendermos a realidade em sua totalidade. A perspectiva marxista afirma a materialidade da ciência e, ao propor que toda análise pressupõe uma visão de totalidade, contribui para a compreensão do movimento de continuidade e de ruptura ao longo da história e da formação dos indivíduos.

Observamos nisso uma função histórica da teoria, traduzida em vontade humana, que capta o processo histórico e que, por essa razão, pode e deve criar as condições para interferir na realidade.

As contradições existentes, derivadas das condições objetivas e das ações dos sujeitos, são a base e o princípio para o desenvolvimento do pensamento e da explicação do real, até pelo fato de que o contraditório é fundamentalmente causa do desenvolvimento, do devir histórico. Dessa perspectiva decorre a compreensão da relação dialética entre sujeito e objeto no processo de produção da realidade, bem como no processo de produção do conhecimento dessa realidade. Esse entendimento conduziu Vygotsky a concluir que se opera, igualmente, uma relação dialética entre sujeito e objeto no processo de formação dos indivíduos. A essa compreensão do processo de formação do psiquismo humano o autor denominou *perspectiva* ou *abordagem histórico-cultural*.

Nessa abordagem, Vygotsky (1991) explica que há uma relação de "interdeterminação" entre aprendizagem e desenvolvimento, isto é, um depende do outro para ocorrer. Essa relação, esclarece o autor, é determinada pela zona de **desenvolvimento proximal**, isto é, a distância entre o nível real de desenvolvimento e o nível potencial que se desenvolverá mediante novas aprendizagens.

O processo por meio do qual a aprendizagem ocorre é denominado por Vygotsky (1998) de *internalização* e é responsável pelo desenvolvimento das funções psíquicas superiores, como a linguagem. Para que a internalização aconteça, é fundamental a interação entre indivíduos – a interação social, que ocorre pela mediação da cultura, por toda produção humana, compreendida em sua perspectiva histórica. Por essa razão, suas formulações compõem uma teoria do desenvolvimento humano denominada *abordagem histórico-cultural*.

Nessa abordagem, a aprendizagem não ocorre sem a mediação de outro sujeito. Na escola, a interação entre alunos e entre estes e os professores, como ação entre sujeitos, é potencializadora da apropriação do conhecimento, e este, o objeto dessa interação, constitui-se em mediador. O professor, desse modo, é "um adulto com a tarefa específica de utilizar o tempo de interação com o aluno para promover seu processo de humanização" (Lima, 2007, p. 18).

4.3 Método e metodologia: pressupostos para pensar a organização do trabalho na escola

Consideradas as premissas expostas na seção anterior, indicamos como eixo norteador da reflexão sobre método e metodologia do ensino, requisito para a organização do conhecimento na escola e da gestão da proposta pedagógica na sala de aula, o eixo **trabalho-cultura-ciência**, em concordância com as atuais Diretrizes Curriculares Nacionais para a Educação Básica.

A **ciência**, compreendida tendo como base a sua materialidade – o **trabalho** –, reforça a centralidade do conhecimento em qualquer projeto educativo que se pretenda emancipatório. Podemos entender o significado do conhecimento escolar na formação do aluno tomando como ponto de partida a seguinte ideia:

> Educar alguém é introduzi-lo, iniciá-lo, numa certa categoria de atividades que se considera como dotadas de valor, não no sentido de um valor instrumental, de um valor enquanto meio de alcançar uma outra coisa (tal como o êxito social), mas de um valor intrínseco, de um

valor que se liga ao próprio fato de praticá-las (como se vê, por exemplo, no caso da arte); ou ainda é favorecer nele o desenvolvimento de capacidades e de atitudes que se considera como desejáveis por si mesmas, é conduzi-lo a um grau superior (mesmo que esta superioridade seja apenas relativa) de realização. (Forquim, 1993, p. 9)

Com relação ao termo *cultura* e aos significados que este pode adquirir quando permeia o debate em torno da organização do conhecimento na escola, podemos destacar, ancorados na abordagem marxista, os seguintes: "[a cultura como] sistema de significações mediante o qual necessariamente [...] uma dada ordem social é comunicada, reproduzida, vivenciada e estudada" (Williams, 1992, p. 72), ou ainda, "[a cultura como] uma forma completa de vida, material, intelectual e espiritual" (Williams, 1992, p. 72).

De acordo com Sacristán (1996a), temos três orientações epistêmico-pedagógicas que esclarecem o que o meio escolar entende por *cultura* nas salas de aula:

- a cultura escolar vai além da cultura intelectual (Berstein);
- a diferenciação entre os **processos** de difusão e recriação culturais que realmente ocorrem nas salas de aula e as **representações** ou moldagens da cultura escolar configuradas a partir do exterior da escola;
- as divergências em torno do conceito de cultura: a cultura em sentido antropológico (como conjunto de significados ou informações e comportamentos de tipo intelectual, ético, estético, social, técnico, mítico etc... que caracteriza um grupo social) e a cultura em sentido mais restrito, de "alta cultura" – o saber científico e a arte clássica/erudita. (Sacristán, 1996a, p. 38, grifo do original)

Para esse autor, o conhecimento escolar é uma seleção da cultura em todos os sentidos expressos anteriormente: no sentido antropológico e no sentido de alta cultura. Na medida em que se trata de uma seleção, e que esta não é neutra, é preciso vermos claramente quais critérios orientam esse processo de escolha. Sugerimos, a seguir, alguns critérios que visam nortear o processo de seleção e de organização do conhecimento na escola.

- O primeiro critério para a seleção dos conteúdos e das práticas educativas é a **relevância** dos saberes escolares diante da experiência social construída historicamente. A escola deve perguntar a si mesma sobre a procedência e a importância dos saberes por ela mediados e, ao mesmo tempo, avaliar as possibilidades dos saberes transpostos didaticamente, para que as situações escolares repercutam no contexto social mais amplo, uma vez que é próprio do processo educativo reelaborar, de modo singular, o saber já constituído.

- O segundo critério para a seleção dos saberes e das práticas pedagógicas está relacionado aos processos de ensino e de aprendizagem, mediados pela ação docente junto aos educandos. Tais **processos** devem enfatizar o pensar e promover a interação entre os saberes docentes e os saberes discentes na busca por conteúdos significativos. Nesse sentido, vemos que a atividade escolar possui maior valor pedagógico se estiver associada ao pensamento reflexivo.

- O terceiro critério refere-se à **organização** do processo de ensino-aprendizagem, enfatizando-se as atividades que permitem a integração entre os diferentes saberes. Essas atividades devem ser fundamentadas em valores éticos, favorecer o acesso às diversas manifestações culturais e articular as situações apreendidas na prática escolar com a prática social, além de privilegiar uma diversidade de ações (experiências, projetos etc.) integradas entre as disciplinas escolares, com base em um quadro conceitual (categorias, ideias etc.) e um quadro instrumental (aula expositiva, pesquisa etc.), a fim de tornar vivos e significativos os conteúdos selecionados.

- O quarto critério para a seleção de conteúdos e práticas refere-se às possibilidades destes de

> articularem **singularidade** e **totalidade** no processo de conhecimento experimentado na escola. Nesse sentido, os conteúdos selecionados devem refletir os amplos aspectos da cultura, tanto do passado quanto do presente, assim como as possibilidades futuras, identificando as mudanças e as permanências inerentes ao processo de conhecimento em sua relação com o contexto social e histórico. Devemos considerar que tais conteúdos são essenciais, pois transcendem o contexto particular dos educandos e garantem acesso ao conhecimento nas suas múltiplas dimensões – política, econômica, cientifica, ético-social, entre outras –, contribuindo para a formação da consciência histórica e política dos educandos.

(Paraná, 2006)

Nessa forma de organização curricular, as metodologias são um meio, e não um fim para se efetivar o processo educativo (Paraná, 2006).

4.4 O trabalho docente e o planejamento do ensino em uma perspectiva crítica de educação

Lopes (1992), ao tomar como objeto de reflexão o planejamento do ensino, demonstra que este tem como referência o conhecimento científico, que, por sua vez, possui uma natureza dinâmica. Por essa razão, o conhecimento transformado em conteúdo escolar tem estreita articulação com a realidade sócio-histórica. A autora, diante dessas constatações, indica alguns pressupostos que devem ser levados em consideração, tendo em vista a organização dos processos de ensino e de aprendizagem:

- ✦ Produzir conhecimentos tem o significado de **processo**, de reflexão permanente sobre os conteúdos aprendidos buscando analisá-los sob diferentes pontos de vista;

- Significa desenvolver a atitude de curiosidade científica, de investigação da realidade, não aceitando como conhecimentos perfeitos e acabados os conteúdos transmitidos pela escola. (Lopes, 1992, p. 83, grifo do original)

Tendo como objetivo a apropriação significativa dos conhecimentos que compõem o currículo, Lopes (1992) propõe que haja uma íntima relação entre os conteúdos escolares, a realidade sócio-histórica e as experiências de vida dos educandos. Desse modo, e com base nessa relação, tornar-se-ia possível promover três momentos essenciais para um aprendizado significativo: a **transmissão** de conhecimentos, a sua **reelaboração** e a **produção** de novos conhecimentos (Lopes, 1992). Essa abordagem do planejamento da ação docente caracteriza tais tarefas como elementos integradores entre o que se ensina e aprende na escola e o contexto sócio-histórico-cultural do aluno. Devido a esse papel integrador, Lopes (1992, p. 85, grifo nosso) indica que o professor deve procurar se fundamentar:

- No estudo real da escola em relação ao contexto: o que demanda a caracterização do universo sociocultural da clientela escolar e evidencia os interesses e necessidades dos educandos;

- Na organização do trabalho didático propriamente dito, o que implica em:
    - **definir objetivos** – em função dos 3 níveis de aprendizagem: **aquisição**, **reelaboração** e **produção** de conhecimentos;
    - **rever conteúdos** – tendo como critérios de seleção a finalidade de que eles atuem como instrumento de compreensão crítica da realidade e como elo propiciador da autonomia;
    - **selecionar procedimentos metodológicos** – considerando os diferentes níveis de aprendizagem e a natureza da área do conhecimento;
    - **estabelecer critérios e procedimentos de avaliação** – considerando a finalidade de intervenção e retomada no processo de ensino e aprendizagem sempre que necessário.

Conforme escrevem Souza et al. (2005, p. 46), essa concepção de planejamento de ensino tem consequências para as diretrizes da ação docente e da gestão do currículo na sala de aula:

Que a ação de planejar implica na participação de todos os elementos envolvidos no processo; que o planejamento deve partir da realidade concreta e estar voltado para atingir as finalidades da Educação Básica definidas no projeto coletivo da escola; e o reconhecimento da dimensão social e histórica do trabalho docente.

Dessa forma, podemos perceber a importância que tem no planejamento do ensino a participação de todos os elementos que devem fazer parte desse processo.

Síntese

Neste capítulo, tivemos a intenção de produzir uma reflexão sobre as relações entre métodos de produção do conhecimento e metodologias de ensino e analisar as implicações dessas relações na organização do currículo e no trabalho docente. Partimos do pressuposto de que existe uma relação estreita entre o processo por meio do qual se produz e se elabora o conhecimento e o modo pelo qual esse conhecimento é ensinado e aprendido nas escolas.

Com base nessa intenção, estruturamos o texto de modo a discutir inicialmente as diferentes perspectivas de análise da ciência, conferindo especial ênfase à questão da objetividade e à abordagem do método nas concepções positivista, historicista e marxista. Vimos que da dialética marxista deriva a abordagem histórico-cultural do desenvolvimento humano e que tal abordagem contribui para a compreensão das relações entre aprendizagem e desenvolvimento. A teoria proposta por Vygotsky tem estado presente no pensamento curricular brasileiro desde a década de 1980 do século passado e se constitui em referencial relevante quando se trata de pensarmos sobre os fundamentos epistemológicos do currículo e do planejamento curricular.

Com base nas discussões anteriores, destacamos neste capítulo certos pressupostos para pensarmos a organização do conhecimento na escola. Sugerimos, ainda, encaminhamentos com o objetivo de consolidar um planejamento e uma metodologia de ensino com base numa perspectiva crítica e emancipatória de educação.

Indicações culturais

NENHUM a menos. Direção: Zhang Yimou. Produção: Zhao Yu. China: Sony Pictures Classics/ Columbia Tristar, 1998. 106 min.

No mesmo sentido das indicações anteriores, sugerimos que você assista ao filme *Nenhum a menos*, do cineasta chinês Zhang Yimou, que conta a história de uma jovem professora inexperiente e obstinada, que procura cuidar de todos os seus alunos na escola em que trabalha. O filme permite discutir questões como o abandono escolar, a relação dos alunos com o conhecimento e com a escola e a autoridade do professor. Além disso, o filme é muito sensível e nos transmite alegria e tristeza diante dos vínculos profundos que podem nascer da relação entre professores e alunos.

Atividades de autoavaliação

Responda às questões a seguir e depois as compare com o texto. Faça uma análise dos resultados dessa comparação. Retome o texto se necessário e recorra à bibliografia comentada ao final da obra.

1. São inúmeros os interlocutores dos vários campos da ciência que dialogam com a educação. Considerando os autores e as perspectivas teóricas tratadas neste capítulo, assinale verdadeiro (V) ou falso (F):

    ( ) Para o marximo, assim como para a perspectiva histórico-cultural de Vygotsky, a ciência é neutra e objetiva.

    ( ) Para o historicismo, dependendo de onde o sujeito vê, alteram-se as explicações sobre um determinado objeto.

    ( ) Para o positivismo, a sociedade é regida por leis naturais.

    ( ) O marxismo se distancia do positivismo e do historicismo no que se refere às relações entre sujeito e objeto do conhecimento.

2. Considere as afirmações a seguir relativas à abordagem do método na perspectiva histórico-cultural e suas implicações para o campo da educação:

   I. De acordo com Vygotsky, a aprendizagem não ocorre sem a mediação de outro sujeito.

   II. Conforme Vygotsky, não existem relações entre aprendizagem e desenvolvimento, pois este depende exclusivamente de condições inatas.

   III. Existe uma relação dialética entre sujeito e objeto no processo de produção da realidade, bem como no processo de produção do conhecimento acerca dessa realidade.

   Tomando como base as afirmações anteriores, assinale a alternativa correta:

   a) Somente I e II estão corretas.
   b) Somente II e III estão corretas.
   c) Somente I e III estão corretas.
   d) Todas as afirmações estão corretas.

3. Conforme Sacristán (1996a), o conhecimento escolar é uma seleção da cultura. Considere as seguintes afirmativas a respeito dos critérios de seleção e de organização dos saberes escolares:

   I. Possibilidade de o professor demonstrar que domina os conteúdos.

   II. Integração entre diferentes saberes.

   III. Relevância dos saberes escolares adiante da experiência social construída historicamente.

   Assinale a alternativa correta:

   a) Somente I e II estão corretas.
   b) Somente II e III estão corretas.
   c) Somente I e III estão corretas.
   d) Todas as afirmações estão corretas.

4. Assinale verdadeiro (V) ou falso (F) a respeito do planejamento de ensino em uma perspectiva crítica:

( ) O planejamento do ensino deve se basear no estudo real da escola.

( ) O estabelecimento de critérios e de procedimentos de avaliação deve ser feito somente após o planejamento e depois de as aulas terem sido ministradas.

( ) Rever conteúdos é parte do planejamento e tem como critério que os conteúdos atuem como instrumento de compreensão crítica da realidade.

( ) Faz parte do planejamento selecionar procedimentos metodológicos considerando os diferentes níveis de aprendizagem e a natureza da área do conhecimento

5. Considere as afirmações a seguir a respeito da gestão do currículo na sala de aula:

   I. A ação de planejar implica na participação de todos os elementos envolvidos no processo.

   II. O planejamento deve ter como base a realidade concreta dos educandos.

   III. Uma perspectiva crítica de planejamento do ensino considera três níveis de aprendizagem: aquisição, reelaboração e produção de conhecimentos.

   Assinale a alternativa correta:
   a) Somente I e II estão corretas.
   b) Somente II e III estão corretas.
   c) Somente I e III estão corretas.
   d) Todas as afirmações estão corretas.

Atividades de aprendizagem

Questões para reflexão

1. Sonia Kramer (1997) afirma que o currículo não é um "lugar", mas "um caminho que se faz no caminhar". O que a autora quer dizer com essa afirmação?

2. Conforme Lopes (1992), ao planejar o ensino, o professor deve considerar três momentos da relação do aluno com o conhecimento: a **transmissão** de conhecimentos, a sua **reelaboração** e a **produção** de novos conhecimentos. Considerando esse pensamento, analise sua trajetória escolar do ensino fundamental ao ensino superior. Em quais momentos da sua trajetória você identifica esses aspectos?

Atividades aplicadas: prática

Propomos que você converse com dois ou mais professores sobre planejamento curricular. Para isso, sugerimos um roteiro de entrevista.

Roteiro de entrevista com professores:

1. Eles conhecem a proposta pedagógica da escola? Participaram de sua elaboração? Alguém da escola conversou com eles sobre a proposta pedagógica? E sobre o projeto político-pedagógico?

2. Eles conseguem realizar o que é proposto? Se não, por qual razão? Eles consideram necessário realizar o que consta na proposta da escola?

3. Em que momentos eles planejam suas atividades? Eles contam com auxílio na escola para essa finalidade?

4. Como eles veem seus alunos: quem são, o que esperam da escola, o que têm para lhes oferecer, que tipo de dificuldades encontram e o que fazem diante dessas dificuldades?

5. Como eles avaliam seus alunos: o que praticam (instrumentos de avaliação que usam, por exemplo, provas, trabalhos etc.), que caminhos utilizam para chegar às notas ou aos conceitos, o que fazem quando se deparam com alunos que não aprendem?

Considerações finais

Partimos aqui do pressuposto para todo e qualquer estudo sobre o currículo: o de que ele é, antes de tudo, uma **invenção social**. Nesse sentido, o currículo é o resultado de situações mais ou menos conflituosas e, portanto, caberia as seguintes indagações: O porquê das escolhas feitas? O porquê deste e não daquele conhecimento? Quais valores e interesses estariam envolvidos nessas escolhas?

O mérito dessas proposições encontra-se não apenas em colocar o poder como algo inerente ao processo de seleção da cultura que, em última análise, irá compor um currículo, mas, sobretudo, em oferecer um primeiro indício no sentido da compreensão de que as escolas conferem significados particulares às propostas curriculares oficiais, e estas, mesmo de forma relativa, causam impactos sobre as práticas educativas.

Conforme vimos, as proposições de mudança curricular, por meio de uma reforma educacional, têm alcance limitado. No entanto, elas produzem alterações no discurso pedagógico, imprimindo nele novos códigos e novos símbolos, capazes de atuar com forte carga ideológica e que podem conferir legitimidade às mudanças propostas.

Dessa forma, as prescrições curriculares oficiais e sua implementação são produtoras e produtos de conflitos e "proporcionam uma prova visível, pública e autêntica da luta constante que envolve as aspirações e objetivos de escolarização" (Goodson, 1998, p. 19).

A teorização curricular contemporânea tem mostrado a relevância da abordagem que considera a cultura como referência privilegiada na investigação da educação e da escola. A análise sob a ótica da cultura requer que se investigue as relações entre as instituições e a sociedade, bem como as diversas mediações que vão dos meios materiais de produção cultural às formas culturais concretas. A cultura, entendida como o conjunto de significados por meio do qual se produz e se reproduz certa ordem social ao instituir modos de vida material e imaterial, confere a essa ordem social a condição de produtora de práticas e de representações por meio das quais se formam e educam as gerações mais novas.

Além disso, a cultura entendida como prática de **apropriação** e de **representação** conduz ao entendimento de que toda prática escolar é cultura, mas uma forma particular – a cultura em uma **forma escolar** –, o que caracteriza uma **cultura escolar**. Por *cultura escolar* entende-se, na presente obra, o modo como a escola se **institui**, se **organiza**, se **apropria** de elementos da cultura, faz determinadas **representações** dela e **produz** práticas visando à formação humana.

Desse significado de cultura e suas implicações para o estudo das instituições, podemos depreender a ideia de que estudar a escola e os movimentos que ela produz com o objetivo de realizar a função educativa, requer a investigação dos modos particulares por meio dos quais ela se apropria das práticas culturais, produz novas práticas e as formaliza. A cultura escolar comporta, desse modo, a constituição de processos internos às escolas e que envolvem escolhas e um modo de organização – institucional e curricular. No interior da instituição escolar, a mediação entre os indivíduos (alunos, professores e outros) ocorre pela cultura, de modo geral, que se traduz, nesse espaço particular, em cultura escolar.

Por fim, essa cultura escolar é evidenciada na escola nos discursos produzidos, em seu projeto político-pedagógico, em sua proposta curricular, em seu currículo em ação etc. Com este livro, pretendemos contribuir para a ampliação do conhecimento sobre os modos pelos quais a escola se organiza. Para isso, conferimos ao currículo um lugar de destaque, considerando que nele se entrecruzam ações, intenções, sujeitos, discursos e práticas. Esperamos ter alcançado nossos objetivos.

Referências

ADORNO, T. *Educação e emancipação*. Rio de Janeiro: Paz e Terra, 1995.

_____. Teoria da semicultura. *Educação e sociedade*, Campinas, ano 7, n. 56, p. 388-411, dez. 1996.

ANDRADE, F. A. Reestruturação produtiva, estado e educação no Brasil de hoje. In: Reunião Anual da ANPED – ASSOCIAÇÃO NACIONAL DE PÓS-GRADUAÇÃO E PESQUISA EM EDUCAÇÃO, 24., 2001, Caxambu. *Anais...*, 2001. Disponível em: <http://www.anped.org.br/reunioes/24/tp.htm>. Acesso em: 26 set. 2011.

APPLE, M. *Ideologia e currículo*. São Paulo: Brasiliense, 1982.

BERSTEIN, B. *A estruturação do discurso pedagógico*: classe, códigos e controle. Petrópolis: Vozes, 1996.

BRASIL. Constituição (1988). Emenda Constitucional n. 59, de 11 de novembro de 2009. *Diário Oficial da União*, Poder Legislativo, Brasília, DF, 12 nov. 2009. Disponível em: <http://200.181.15.9/ccivil_03/Constituicao/Emendas/Emc/emc59.htm>. Acesso em: 11 nov. 2011.

_____. Lei n. 9.394, de 20 de dezembro de 1996. *Diário Oficial da União*, Poder Legislativo, Brasília, DF, 23 dez. 1996. Disponível em: <http://www6.senado.gov.br/legislacao/ListaPublicacoes.action?id=102480&tipoDocumento=LEI&tipoTexto=PUB>. Acesso em: 26 set. 2011.

_____. Ministério da Educação. Conselho Nacional de Educação. Câmara da Educação Básica. Parecer n. 3, de 12 de março de 1997. Relator: Edla de Araújo Lira Soares, Fábio Luiz Marinho Aidar, Hermengarda Alves Ludke e Regina Alcântara de Assis. *Diário Oficial da União*, Brasília, DF, 17 abr. 1997a. Disponível em: <http://www.crmariocovas.sp.gov.br/pdf/diretrizes_p0276-0281_c.pdf>. Acesso em: 26 set. 2011.

BRASIL. Parecer n. 4, de 29 de janeiro de 1998. Diretrizes Curriculares Nacionais para o Ensino Fundamental. Relator: Regina Alcântara de Assis. *Diário Oficial da União*, Brasília, DF, 30 mar. 1998a. Disponível em: <http://portal.mec.gov.br/cne/arquivos/pdf/1998/pceb004_98.pdf>. Acesso em: 26 set. 2011.

_____. Parecer n. 5, de 4 de maio de 2011. Relator: José Fernandes de Lima. *Diário Oficial da União*, Brasília, DF, 9 jun. 2011. Disponível em: <http://portal.mec.gov.br/index.php?option=com_content&view=article&id=16368&Itemid=866>. Acesso em: 26 set. 2011.

_____. Parecer n. 7, de 7 de abril de 2010. Relator: Clélia Brandão Alvarenga Craveiro. *Diário Oficial da União*, Brasília, DF, 9 jul. 2010a. Disponível em: <http://portal.mec.gov.br/index.php?option=com_docman&task=doc_download&gid=5367&Itemid=>. Acesso em: 26 set. 2011.

_____. Parecer n. 11, de 7 de julho de 2010. Relator: Cesar Callegari. *Diário Oficial da União*, Brasília, DF, 9 dez. 2010b. Disponível em: <http://portal.mec.gov.br/index.php?option=com_docman&task=doc_download&gid=6324&Itemid=>. Acesso em: 26 set. 2011.

_____. Parecer n. 15, de 1º de junho de 1998. Diretrizes Curriculares Nacionais para o Ensino Médio. Relator: Guiomar Namo de Mello. *Diário Oficial da União*, Brasília, DF, 26 jun. 1998b. Disponível em: <http://portal.mec.gov.br/cne/arquivos/pdf/1998/pceb015_98.pdf>. Acesso em: 26 set. 2011.

_____. Parecer n. 20, de 11 de novembro de 2009. Relator: Raimundo Moacir Mendes Feitosa. *Diário Oficial da União*, Brasília, DF, 9 dez. 2009a. Disponível em: <http://portal.mec.gov.br/index.php?option=com_docman&task=doc_download&gid=2097&Itemid=>. Acesso em: 26 set. 2011.

_____. Resolução n. 2, de 7 de abril de 1998. Institui as Diretrizes Curriculares Nacionais para o Ensino Fundamental. Relator: Ulysses de Oliveira Panisset. *Diário Oficial da União*, Brasília, DF, 15 abr. 1998c. Disponível em: <http://portal.mec.gov.br/cne/arquivos/pdf/rceb02_98.pdf>. Acesso em: 14 out. 2011.

_____. Resolução n. 3, de 26 de Junho de 1998. Institui as Diretrizes Curriculares Nacionais para o Ensino Médio. Relator: Ulysses de Oliveira Panisset. *Diário Oficial da União*, Brasília, DF, 5 ago. 1998d. Disponível em: <http://portal.mec.gov.br/cne/arquivos/pdf/rceb03_98.pdf>. Acesso em: 26 set. 2011.

_____. Resolução n. 4, de 13 de julho de 2010. Relator:

Francisco Aparecido Cordão. *Diário Oficial da União*, Brasília, DF, 14 jul. 2010c. Disponível em: <http://portal.mec.gov.br/index.php?option=com_docman&task=doc_download&gid=5916&Itemid=>. Acesso em: 26 set. 2011.

BRASIL. Resolução n. 5, de 17 de dezembro de 2009. Relator: Cesar Callegari. *Diário Oficial da União*, Brasília, DF, 18 dez. 2009b. Disponível em: <http://portal.mec.gov.br/index.php?option=com_docman&task=doc_download&gid=2298&Itemid=>. Acesso em: 26 set. 2009.

_____. Resolução n. 7, de 14 de dezembro de 2010. Relator: Francisco Aparecido Cordão. *Diário Oficial da União*, Brasília, DF, 15 dez. 2010d. Disponível em: <http://portal.mec.gov.br/index.php?option=com_docman&task=doc_download&gid=7246&Itemid=>. Acesso em: 26 set. 2011.

BRASIL. Ministério da Educação e do Desporto. Secretaria de Educação Fundamental. *Plano decenal de educação para todos*: 1993-2003. Brasília, DF: 1993. Disponível em: <http://www.dominiopublico.gov.br/download/texto/me002599.pdf>. Acesso em: 26 set. 2011.

_____. *Parâmetros Curriculares Nacionais*. Introdução aos Parâmetros Curriculares Nacionais. Brasília, DF, 1997b, v. 1. Disponível em: <http://portal.mec.gov.br/seb/arquivos/pdf/livro01.pdf>. Acesso em: 11 out. 2011.

_____. *Parâmetros Curriculares Nacionais*. Terceiro e quarto ciclos do ensino fundamental: temas transversais. Brasília, DF, 1998e, v. 8. Disponível em: <http://portal.mec.gov.br/seb/arquivos/pdf/ttransversais.pdf>. Acesso em: 11 out. 2011.

_____. *Referencial Curricular Nacional para a Educação Infantil*: Formação pessoal e social. Brasília, DF, 1998f, v. 2. Disponível em: <http://portal.mec.gov.br/seb/arquivos/pdf/volume2.pdf. Acesso em: 11 out. 2011.

BRASIL. Ministério da Educação. Secretaria de Educação Média e Tecnológica. *Parâmetros Curriculares Nacionais*: Ensino Médio. Parte 1. Brasília, DF: 1999. Disponível em: <http://portal.mec.gov.br/seb/arquivos/pdf/blegais.pdf>. Acesso em: 26 set. 2011.

DALE, R. A educação e o estado capitalista: contribuições e contradições. *Educação e Realidade*, Porto Alegre, v. 13, n. 1, p. 17-37, jan./jun. 1988.

DELORS, J. *Educação*: um tesouro a descobrir – Relatório para a UNESCO da Comissão Internacional sobre Educação para o século XXI.

4. ed. São Paulo: Cortez; Brasília, DF: UNESCO, 2000. Disponível em: <http://www.microeducacao.com.br/Concurso/ConcursoPEBII2009/B-Delors-Educacao-Um%20Tesouro%20a%20Descobrir.pdf>. Acesso em: 26 set. 2011.

FARIA FILHO, L. M. Fazer história da educação com E. P. Thompson. In: FARIA FILHO, L. M. (Org.). *Pensadores sociais e história da educação*. Belo Horizonte: Autêntica, 2005. p. 239-256.

FERRETI, C. J. Formação profissional e reforma do ensino técnico no Brasil: anos 90. *Educação e Sociedade*, Campinas, v. 18, n. 59, p. 225-269, ago. 1997. Disponível em: <http://www.scielo.br/pdf/es/v18n59/18n59a01.pdf>. Acesso em: 26 set. 2011.

FORQUIM, J-C. *Escola e cultura*: as bases sociais e epistemológicas do conhecimento escolar. Porto Alegre: Artes Médicas, 1993.

FREIRE, P. *A importância do ato de ler*: em três artigos que se completam. 13. ed. São Paulo: Cortez, 1986.

GANDIN, L. A.; PARASKEVA, J.; HYPOLITO, Á. M. Mapeando a [complexa] produção teórica educacional – entrevista com Tomaz Tadeu da Silva. *Currículo sem Fronteiras*, Mangualde; Odivelas, v. 2, n. 1, p. 5-14, jan./jun. 2002. Disponível em: <http://www.curriculosemfronteiras.org/vol2iss1articles/tomaz.pdf>. Acesso em: 25 maio 2011.

GIROUX, H. *Pedagogia radical*: subsídios. São Paulo: Cortez, 1983.

GOODSON, I. F. *Currículo*: teoria e história. 2. ed. Petrópolis: Vozes, 1998.

KRAMER, S. Propostas pedagógicas ou curriculares: subsídios para uma leitura crítica. *Educação e Sociedade*, Campinas, v. 18, n. 60, p. 15-35, dez. 1997. Disponível em: <http://www.scielo.br/pdf/es/v18n60/v18n60a1.pdf>. Acesso em: 14 jun. 2011.

_____. Propostas pedagógicas ou curriculares de Educação Infantil: para retomar o debate. *Pro-posições*, v. 13, n. 38, p. 65-82, maio/ago. 2002. Disponível em: <http://www.proposicoes.fe.unicamp.br/~proposicoes/textos/38-artigos-kramers.pdf>. Acesso em: 5 jul. 2011.

LIMA, E. S. Currículo e desenvolvimento humano. In: BRASIL. Ministério da Educação. Secretaria de Educação Básica. *Indagações sobre currículo*. Brasília, 2007. Disponível em: <http://portal.mec.gov.br/seb/arquivos/pdf/Ensfund/indag1.pdf>. Acesso em: 26 maio 2011.

LOPES, A. C. Competências na organização curricular da reforma do Ensino Médio. *Boletim técnico do SENAC*, São Paulo, v. 27, n. 3, p. 1-20, 2001. Disponível em: <http://www.cefetsp.br/edu/eso/competenciascurriculo.html>. Acesso em: 26 set. 2011.

_____. Os Parâmetros Curriculares Nacionais para o Ensino Médio e a submissão ao mundo produtivo: o caso do conceito de contextualização. *Educação e Sociedade*, v. 23, n. 80, p. 386-400, set. 2002. Disponível em: <http://www.scielo.br/pdf/es/v23n80/12938.pdf>. Acesso em: 26 set. 2011.

LOPES, A. O. Planejamento de ensino numa perspectiva crítica de educação. In: CANDAU, V. *Repensando a didática*. São Paulo: Cortez, 1992.

LÖWY, M. *As aventuras de Karl Marx contra o Barão de Münchausen*: marxismo e positivismo na sociologia do conhecimento. São Paulo: Busca Vida, 1987.

MELLO, G. N. *Cidadania e competitividade*. 7. ed. São Paulo: Cortez, 1998.

MOREIRA, A. F. B. A psicologia... e o resto: o currículo segundo César Coll. *Cadernos de Pesquisa*, São Paulo, n. 100, p. 93-107, mar. 1997. Disponível em: <http://educa.fcc.org.br/pdf/cp/n100/n100a06.pdf>. Acesso em: 26 set. 2011.

_____. (Org.). *Currículo*: políticas e práticas. Campinas: Papirus, 1996a.

_____. Neoliberalismo, currículo nacional e avaliação. In: SILVA, L. H. e AZEVEDO, J. C. (Org.). *Reestruturação curricular*: teoria e prática no cotidiano escolar. Petrópolis: Vozes, 1995a.

_____. O campo do currículo no Brasil nos anos 90. In: CANDAU, V. (Org.). *Didática, currículo e saberes escolares*. Rio de Janeiro: DP&A, 2000.

_____. Parâmetros Curriculares Nacionais: críticas e alternativas. In: SILVA, T. T.; GENTILI, P. *Escola S.A.* Brasília: CNTE,1996b. p. 128-149.

_____. Parâmetros Curriculares Nacionais: em busca de alternativas. *Revista de Educação AEC*, Brasília, ano 24, n. 97, p. 7-25, out./dez. 1995b.

MOREIRA, A. F.; SILVA, T. T. (Org.). *Currículo, cultura e sociedade*. 2. ed. rev. São Paulo: Cortez, 1995.

PARANÁ. Secretaria de Estado da Educação. Superintendência da Educação. *Diretrizes Curriculares para a Educação de Jovens e Adultos*. 2006. Disponível em: <http://www.

iiep.org.br/ejafic/diretrizes.
pdf>. Acesso em: 26 set.
2011.

PINTO, Á. V. Sete lições sobre
educação de adultos. 10. ed.
São Paulo: Cortez, 1997.

POPKEWITZ, T. Reforma
educacional: uma política
sociológica – poder e
conhecimento em educação.
Porto Alegre: Artes Médicas,
1997.

RAMOS-DE-OLIVEIRA, N. A escola,
esse mundo estranho. In:
PUCCI, B. (Org.). Teoria
crítica e educação: a questão
da formação cultural na
escola de Frankfurt. 2. ed.
Petrópolis: Vozes; São
Carlos: EDUFISCAR, 1995.
p. 121-138.

SACRISTÁN, J. G. Escolarização
e cultura: a dupla
determinação. In: SILVA,
L. H. et al. Novos mapas
culturais, novas perspectivas
educacionais. Porto Alegre:
Sulina, 1996a. p. 34-57.

_____. Reformas educacionais:
utopia, retórica e prática.
In: SILVA, T. T.; GENTILI,
P. Escola S.A. Brasília:
CNTE,1996b. p. 50-74.

SALLES, F. C. A proposta CEPAL-
-OREALC: progresso técnico,
cultura, política e educação.
Perspectiva, Florianópolis,
ano 10, n. 18, p. 107-132,
ago./dez. 1992.

SHIROMA, E.; MORAES, M. C. M.;
EVANGELISTA, O. Política
educacional. Rio de Janeiro:
DP&A, 2000.

SILVA, M. R. da. Currículo e
competências: a formação
administrada. São Paulo:
Cortez, 2008a.

_____. Currículo, reformas e a
questão da formação
humana: uma reflexão a
partir da Teoria Crítica da
Sociedade. Educar em
Revista, Curitiba,
n. 17, p. 111-123. 2001.
Disponível em: <http://www.
educaremrevista.ufpr.br/
arquivos_17/ribeiro_da_silva.
pdf>. Acesso em: 26 set.
2011.

_____. Reformas educacionais e
cultura escolar: a apropriação
dos dispositivos normativos
pelas escolas. Cadernos de
Educação, Pelotas, n. 32,
p. 123-139, jan./abr. 2009.
Disponível em: <http://www.
ufpel.tche.br/fae/caduc/
downloads/n32/07.pdf>.
Acesso em: 29 set. 2011.

_____. Teoria curricular e à teoria
crítica da sociedade:
elementos para (re)pensar a
escola. InterMeio, Campo
Grande, v. 14, n. 28,
p. 88-101, jul./dez. 2008b.
Disponível em: <http://www.
intermeio.ufms.br/revistas/28/
InterMeio_v14_n28%20
Monica%20Ribeiro.pdf>.
Acesso em: 28 set. 2011.

SILVA, M. R.; ABREU, C. B. M.
Reformas para quê? As
reformas educacionais nos
anos de 1990: o "novo projeto

de formação" e os resultados das avaliações nacionais. *Perspectiva*, Florianópolis, v. 26, n. 2, p. 523-550, jul./dez. 2008. Disponível em: <http://www.perspectiva.ufsc.br/perspectiva_2008_02/Monica%20e%20Claudia.pdf>. Acesso em: 29 set. 2011.

SILVA, T. T. *Documentos de identidade*: uma introdução às teorias do currículo: Belo Horizonte: Autêntica, 1999a.

_____. *O currículo como fetiche*: a poética e a política do texto curricular. Belo Horizonte: Autêntica, 1999b.

_____. *Teorias do currículo*. Portugal: Porto Editora, 2000.

SOUZA, A. R. et al. *Planejamento e trabalho coletivo*. Curitiba: Ed. da UFPR/Cinfop, 2005. (Coleção Gestão e Avaliação da Escola Pública, v. 2). Disponível em: <http://www.cinfop.ufpr.br/pdf/colecao_1/caderno_2.pdf>. Acesso em: 26 set. 2011.

TYLER, R. W. *Princípios básicos de currículo e ensino*. 3. ed. Porto Alegre: Globo, 1976.

VEIGA-NETO, A. Culturas e currículo. *Contrapontos*, Itajaí, ano 2, n. 4, p. 43-51, jan./abr. 2002. Disponível em: <http://www6.univali.br/seer/index.php/rc/article/view/133/113>. Acesso em: 26 set. 2011.

VYGOTSKY, L. S. *A formação social da mente*. São Paulo: M. Fontes, 1991.

_____. *Pensamento e linguagem*. São Paulo: M. Fontes, 1998.

WALLON, H. *Los orígenes del carácter del niño*: los preludios del sentimiento de personalidad. Buenos Aires: Nueva Visión, 1975.

WILLIAMS, R. *Cultura*. Rio de Janeiro: Paz e Terra, 1992.

WILLIS, P. *Aprendendo a ser trabalhador*: escola, resistência e reprodução. Porto Alegre: Artes Médicas, 1991.

YOUNG, M. *Knowledge and Control*: New Directions for the Sociology of Education. London: Collier Macmillan. 1971.

Bibliografia comentada

SACRISTÁN, J. G. *Poderes instáveis em educação*. Porto Alegre: Artes Médicas, 1999.

Esse livro traz uma reflexão do autor quanto a dois eixos: a crise na educação e os rumos da atividade educacional. Sacristán toma como referência o conceito de cultura e analisa, com base nele, a função social da escola. Com isso, o autor identifica no contexto da educação atual um conjunto de incertezas sobre o papel da escola, o trabalho do professor e as políticas e reformas educacionais. Ele confere especial ênfase aos sujeitos envolvidos nesses processos.

Os elementos simbólicos e culturais presentes nas sociedades são o foco do texto, no qual o autor afirma existir uma nova ordem social com a qual a instituição educacional dialoga. Ele conduz sua análise de modo a evidenciar que se trata de "sujeitos contextualizados e cultura objetivada". Com essa reflexão, afirma que estamos diante de uma instabilidade marcada pelas culturas regionais e nacionais que a escola comunica. Isso traria como consequência a necessidade do diálogo entre os distintos agentes educacionais.

A primeira parte do livro analisa a estrutura da prática educacional e a crise do sistema escolar, e situa essa análise como condição essencial para a compreensão da profissão docente. A segunda parte se ocupa de uma discussão sobre os significados de cultura e suas relações com o campo da educação. A terceira parte analisa a questão do poder – dos poderes instáveis entre Estado, professores, pais etc. Nessa seção, o autor indica caminhos possíveis para o enfrentamento dos dilemas da educação na contemporaneidade.

Destacamos neste livro algumas ideias visando ao seu aprofundamento do tema. Primeiro capítulo: profissionalismo docente; crise do sistema educativo; saber educativo e ação docente; o mito da teoria como produtora da harmonia da prática; os sujeitos da ação educativa; a necessidade de superação de uma visão instrumental da ação pedagógica; planos educacionais; vínculos coletivos. Segundo capítulo: o contexto da ação educativa, do poder da **institucionalização** (com base em Luckmann e Bergmann) e do *habitus* (conforme Bourdieu) incorporados às práticas; diferença entre ação e prática; reprodução e tradição; a produção de mudanças na educação. Terceiro capítulo: reflexão e atividade reflexiva no campo da educação; níveis de reflexibilidade; teorização e consciência sobre a prática educacional. Quarto capítulo: relações entre cultura e educação; projeto cultural; escola, educação escolarizada e currículo escolar; cultura e sujeitos da educação; novas formas culturais; desafios da universalização. Quinto capítulo: poderes instáveis em educação; os limites da educação para o mercado; micropolítica e macropolítica; o papel do Estado e das famílias na definição dos rumos da educação.

Com isso, esse livro possibilita uma reflexão aprofundada sobre os sentidos da escola e o direito à educação.

SILVA, T. T. *Documentos de identidade*: uma introdução às teorias do currículo. Belo Horizonte: Autêntica, 1999.

Tomaz Tadeu da Silva elabora nesse livro uma síntese das discussões acerca das teorias do currículo desenvolvidas ao longo do século XX. O autor classifica tais teorias em tradicionais, críticas e pós-críticas, dedicando-se principalmente ao campo analítico das teorias pós-críticas. Na obra, Silva evidencia que as teorias críticas e pós-críticas ocupam-se das relações entre saber, identidade e poder. A análise dessas relações ocorre considerando-se a perspectiva da modernidade produzida pelo capitalismo.

O autor faz uma genealogia do currículo com base na ideia de discurso como fundamento da análise das teorias curriculares, apoiando-se no movimento pós-estruturalista, para o qual a descrição da realidade se funde com a invenção dessa mesma realidade.

Para Silva, a questão do poder é central na discussão sobre currículo. Mais do que se perguntar sobre **o quê** ensinar, deve-se perguntar **por quê?** As respostas ao "por que se ensina isto e não aquilo" são resultados de disputas e definem uma direção na formação dos indivíduos: desse modo, o currículo se constitui um "documentos de identidade".

Destacamos da obra algumas ideias que possibilitam o aprofundamento no campo do pensamento sobre o currículo: a questão do poder como centro da reflexão das teorias críticas e pós-críticas do currículo; a crítica às perspectivas tradicionais da teoria curricular; Michael Young e a nova sociologia da educação; Michael Apple e ideologia e currículo; Henry Giroux e o currículo como política cultural; a perspectiva do multiculturalismo e suas relações com a tradição crítica do currículo.

MOREIRA, A. F. B.; PACHECO, J. A.; GARCIA, R. L. (Org.). Currículo: pensar, sentir e diferir. Rio de Janeiro: DP&A, 2004.

A coletânea organizada por Antonio Flavio Barbosa Moreira, José Augusto Pacheco e Regina Leite Garcia, intitulada *Currículo: pensar, sentir e diferir*, reúne artigos de vários especialistas e uma multiplicidade de enfoques teóricos apresentados no II Colóquio sobre Questões Curriculares, realizado no Rio de Janeiro em 2004. Comentamos a seguir alguns artigos dessa obra.

O primeiro texto, de John Willinsky, da Universidade de British Columbia, intitula-se *O ensino médio pós-colonial: os alunos se adiantaram* e é comentado por Antonio Flavio Barbosa Moreira e José Augusto Pacheco. Willinsky narra a experiência realizada com os seus alunos do ensino médio, na qual propôs que criassem poesias que refletissem a sua identidade canadense. Com isso, o estudo da poesia se distanciou da forma convencional, – a análise das antologias oficiais centrada nas línguas inglesa e francesa. Ao debater com o autor, Antonio Flavio Barbosa Moreira valoriza a iniciativa de que se deem oportunidades a diferentes vozes no espaço da sala de aula, porém, questiona sobre o risco que se corre ao fazer isso, em tornar esse processo algo corriqueiro, sem relevância para a formação dos alunos. José Augusto Pacheco valoriza a experiência curricular proposta por Willinsky, pois a considera capaz de abarcar uma diversidade de experiências, além de trazer o conhecimento de forma viva para dentro da sala de aula.

No texto de Carlos Eduardo Ferraço, intitulado *Os sujeitos praticantes dos cotidianos das escolas e a invenção dos currículos*, o autor discute a relação entre uma pretensão universalizante de sujeito e a particularidade presente em cada um dos indivíduos. O distanciamento entre eles, ou a sobrevalorização dessa pretensão universal, resultaria, segundo o autor, em uma ficção. Com isso, Ferraço deseja ressaltar a presença do cotidiano como algo que se transforma, assim como sua importância na formação dos sujeitos.

Maria Célia Marcondes de Moraes, no artigo *Incertezas nas práticas de formação e no conhecimento docente*, faz uma crítica à pretensão salvacionista atribuída à educação e evidencia que esse caráter se deve à ideia de que a educação deve se adaptar à lógica do mercado. A autora mostra que, em decorrência dessa ideia, tem-se uma sedução pelo avanço científico-tecnológico que seria responsável pelo avanço da informação e do conhecimento. Ela observa ainda que essa postura ignora que a informação e o conhecimento não são produzidos de forma neutra, mas são vinculados às relações de poder econômico e militar. Ao ignorar essa condição, a educação pode simplesmente reproduzir as relações hegemônicas.

No artigo de Maria Teresa Esteban, com o título *Diferença e (des)igualdade no cotidiano escolar*, encontra-se em epígrafe o poema de Manoel de Barros sobre "carregar água na peneira", em que o poeta faz uma metáfora do trabalho inútil. Esteban salienta que o verso escolhido permite discutir a questão da diferença, valorizando-a em oposição à ideia de percurso único, de homogeneidade e de padronização dos resultados educacionais.

O conjunto dos textos presentes nessa coletânea questiona a relação entre identidade e diferença. Se se deve escolher entre produzir identidade ou diferença, as análises realizadas apontam claramente uma opção pela diferença. As reflexões e a experiência narradas chegam a relativizar ou negar a necessidade de que se tenham propostas pedagógicas. A nosso ver, esse relativismo tem como consequência a negação da própria ideia de educação, e de que ela é, ao mesmo tempo, produção da identidade e da diferença.

SILVA, M. R. *Currículo e competências*: a formação administrada. São Paulo: Cortez, 2008.

Nesta obra, a autora faz uma análise das políticas curriculares que tomam como referência a noção de **competências**, colocadas em prática no Brasil ao longo da década de 1990. Ela faz, inicialmente, uma discussão conceitual sobre educação e currículo, tendo como referência a teoria crítica da sociedade, isto é, a produção dos filósofos frankfurtianos T. Adorno, M. Horkheimer e H. Marcuse. No capítulo inicial, são discutidas as relações entre currículo, cultura e racionalidade instrumental e suas implicações para a formação humana. Nos capítulos seguintes, a autora aborda as origens e as apropriações da noção de competências no campo da educação e do currículo. São abordadas, também, as teorias da competência presentes na obra de J. Piaget e N. Chomsky e o uso das competências no campo da sociologia do trabalho e do currículo.

Por último, o livro discute a incorporação dessas perspectivas centradas na noção de competências pelas políticas curriculares brasileiras, evidenciando que essa incorporação foi conduzida por uma forma descontextualizada de entender o currículo e a escola, produzindo ambiguidades nas propostas enunciadas nos textos normativos, permitindo com isso a compreensão de que o currículo deveria promover uma maior vinculação entre a escola e a lógica da economia e do mercado.

Anexos

Anexo I

Ministério da Educação
Conselho Nacional de Educação
Câmara de Educação Básica
Resolução nº 4, de 13 de julho de 2010[1]

Define Diretrizes Curriculares Nacionais Gerais para a Educação Básica.

O Presidente da Câmara de Educação Básica do Conselho Nacional de Educação, no uso de suas atribuições legais, e de conformidade com o disposto na alínea "c" do § 1º do artigo 9º da Lei nº 4.024/1961, com a redação dada pela Lei nº 9.131/1995, nos artigos 36, 36-A, 36-B, 36-C, 36-D, 37, 39, 40, 41 e 42 da Lei nº 9.394/1996, com a redação dada pela Lei nº 11.741/2008, bem como no Decreto nº 5.154/2004, e com fundamento no Parecer CNE/CEB nº 7/2010, homologado por Despacho do Senhor Ministro de Estado da Educação, publicado no DOU de 9 de julho de 2010.

Resolve:

Art. 1º A presente Resolução define Diretrizes Curriculares Nacionais Gerais para o conjunto orgânico, sequencial e articulado das etapas e modalidades da Educação Básica, baseando-se no direito de toda

---

[1] Resolução CNE/CEB 4/2010. Diário Oficial da União, Brasília, 14 de julho de 2010, Seção 1, p. 824.

pessoa ao seu pleno desenvolvimento, à preparação para o exercício da cidadania e à qualificação para o trabalho, na vivência e convivência em ambiente educativo, e tendo como fundamento a responsabilidade que o Estado brasileiro, a família e a sociedade têm de garantir a democratização do acesso, a inclusão, a permanência e a conclusão com sucesso das crianças, dos jovens e adultos na instituição educacional, a aprendizagem para continuidade dos estudos e a extensão da obrigatoriedade e da gratuidade da Educação Básica.

Título I

Objetivos

Art. 2º Estas Diretrizes Curriculares Nacionais Gerais para a Educação Básica têm por objetivos:

I – sistematizar os princípios e as diretrizes gerais da Educação Básica contidos na Constituição, na Lei de Diretrizes e Bases da Educação Nacional (LDBEN) e demais dispositivos legais, traduzindo-os em orientações que contribuam para assegurar a formação básica comum nacional, tendo como foco os sujeitos que dão vida ao currículo e à escola;

II – estimular a reflexão crítica e propositiva que deve subsidiar a formulação, a execução e a avaliação do projeto político-pedagógico da escola de Educação Básica;

III – orientar os cursos de formação inicial e continuada de docentes e demais profissionais da Educação Básica, os sistemas educativos dos diferentes entes federados e as escolas que os integram, indistintamente da rede a que pertençam.

Art. 3º As Diretrizes Curriculares Nacionais específicas para as etapas e modalidades da Educação Básica devem evidenciar o seu papel de indicador de opções políticas, sociais, culturais, educacionais, e a função da educação, na sua relação com um projeto de Nação, tendo como referência os objetivos constitucionais, fundamentando-se na cidadania e na dignidade da pessoa, o que pressupõe igualdade, liberdade, pluralidade, diversidade, respeito, justiça social, solidariedade e sustentabilidade.

Título II

Referências conceituais

Art. 4º As bases que dão sustentação ao projeto nacional de educação responsabilizam o poder público, a família, a sociedade e a escola pela garantia a todos os educandos de um ensino ministrado de acordo com os princípios de:

I – igualdade de condições para o acesso, inclusão, permanência e sucesso na escola;

II – liberdade de aprender, ensinar, pesquisar e divulgar a cultura, o pensamento, a arte e o saber;

III – pluralismo de ideias e de concepções pedagógicas;

IV – respeito à liberdade e aos direitos;

V – coexistência de instituições públicas e privadas de ensino;

VI – gratuidade do ensino público em estabelecimentos oficiais;

VII – valorização do profissional da educação escolar;

VIII – gestão democrática do ensino público, na forma da legislação e das normas dos respectivos sistemas de ensino;

IX – garantia de padrão de qualidade;

X – valorização da experiência extraescolar;

XII – vinculação entre a educação escolar, o trabalho e as práticas sociais.

Art. 5º A Educação Básica é direito universal e alicerce indispensável para o exercício da cidadania em plenitude, da qual depende a possibilidade de conquistar todos os demais direitos, definidos na Constituição Federal, no Estatuto da Criança e do Adolescente (ECA), na legislação ordinária e nas demais disposições que consagram as prerrogativas do cidadão.

Art. 6º Na Educação Básica é necessário considerar as dimensões do educar e do cuidar, em sua inseparabilidade, buscando recuperar, para a função social desse nível da educação, a sua centralidade, que é o educando, pessoa em formação na sua essência humana.

Título III

Sistema Nacional de Educação

Art. 7º A concepção de educação deve orientar a institucionalização do regime de colaboração entre União, Estados, Distrito Federal e Municípios, no contexto da estrutura federativa brasileira, em que convivem sistemas educacionais autônomos, para assegurar efetividade ao projeto da educação nacional, vencer a fragmentação das políticas públicas e superar a desarticulação institucional.

§ 1º Essa institucionalização é possibilitada por um Sistema Nacional de Educação, no qual cada ente federativo, com suas peculiares competências, é chamado a colaborar para transformar a Educação Básica em um sistema orgânico, sequencial e articulado.

§ 2º O que caracteriza um sistema é a atividade intencional e organicamente concebida, que se justifica pela realização de atividades voltadas para as mesmas finalidades ou para a concretização dos mesmos objetivos.

§ 3º O regime de colaboração entre os entes federados pressupõe o estabelecimento de regras de equivalência entre as funções distributiva, supletiva, normativa, de supervisão e avaliação da educação nacional, respeitada a autonomia dos sistemas e valorizadas as diferenças regionais.

Título IV

Acesso e permanência para a conquista da qualidade social

Art. 8º A garantia de padrão de qualidade, com pleno acesso, inclusão e permanência dos sujeitos das aprendizagens na escola e seu sucesso, com redução da evasão, da retenção e da distorção de idade/ano/série, resulta na qualidade social da educação, que é uma conquista coletiva de todos os sujeitos do processo educativo.

Art. 9º A escola de qualidade social adota como centralidade o estudante e a aprendizagem, o que pressupõe atendimento aos seguintes requisitos:

I – revisão das referências conceituais quanto aos diferentes espaços e tempos educativos, abrangendo espaços sociais na escola e fora dela;

II – consideração sobre a inclusão, a valorização das diferenças e o atendimento à pluralidade e à diversidade cultural, resgatando e respeitando as várias manifestações de cada comunidade;

III – foco no projeto político-pedagógico, no gosto pela aprendizagem e na avaliação das aprendizagens como instrumento de contínua progressão dos estudantes;

IV – inter-relação entre organização do currículo, do trabalho pedagógico e da jornada de trabalho do professor, tendo como objetivo a aprendizagem do estudante;

V – preparação dos profissionais da educação, gestores, professores, especialistas, técnicos, monitores e outros;

VI – compatibilidade entre a proposta curricular e a infraestrutura entendida como espaço formativo dotado de efetiva disponibilidade de tempos para a sua utilização e acessibilidade;

VII – integração dos profissionais da educação, dos estudantes, das famílias, dos agentes da comunidade interessados na educação;

VIII – valorização dos profissionais da educação, com programa de formação continuada, critérios de acesso, permanência, remuneração compatível com a jornada de trabalho definida no projeto político-pedagógico;

IX – realização de parceria com órgãos, tais como os de assistência social e desenvolvimento humano, cidadania, ciência e tecnologia, esporte, turismo, cultura e arte, saúde, meio ambiente.

Art. 10. A exigência legal de definição de padrões mínimos de qualidade da educação traduz a necessidade de reconhecer que a sua avaliação associa-se à ação planejada, coletivamente, pelos sujeitos da escola.

§ 1º O planejamento das ações coletivas exercidas pela escola supõe que os sujeitos tenham clareza quanto:

I – aos princípios e às finalidades da educação, além do reconhecimento e da análise dos dados indicados pelo Índice de Desenvolvimento da Educação Básica (IDEB) e/ou outros indicadores, que o complementem ou substituam;

II – à relevância de um projeto político-pedagógico concebido e assumido colegiadamente pela comunidade educacional, respeitadas as múltiplas diversidades e a pluralidade cultural;

III – à riqueza da valorização das diferenças manifestadas pelos sujeitos do processo educativo, em seus diversos segmentos, respeitados o tempo e o contexto sociocultural;

IV – aos padrões mínimos de qualidade (Custo Aluno-Qualidade Inicial – CAQi);

§ 2º Para que se concretize a educação escolar, exige-se um padrão mínimo de insumos, que tem como base um investimento com valor calculado a partir das despesas essenciais ao desenvolvimento dos processos e procedimentos formativos, que levem, gradualmente, a uma educação integral, dotada de qualidade social:

I – creches e escolas que possuam condições de infraestrutura e adequados equipamentos;

II – professores qualificados com remuneração adequada e compatível com a de outros profissionais com igual nível de formação, em regime de trabalho de 40 (quarenta) horas em tempo integral em uma mesma escola;

III – definição de uma relação adequada entre o número de alunos por turma e por professor, que assegure aprendizagens relevantes;

IV – pessoal de apoio técnico e administrativo que responda às exigências do que se estabelece no projeto político-pedagógico.

Título V

Organização curricular: conceito, limites, possibilidades

Art. 11. A escola de Educação Básica é o espaço em que se ressignifica e se recria a cultura herdada, reconstruindo-se as identidades culturais, em que se aprende a valorizar as raízes próprias das diferentes regiões do País.

Parágrafo único. Essa concepção de escola exige a superação do rito escolar, desde a construção do currículo até os critérios que orientam a organização do trabalho escolar em sua multidimensionalidade, privilegia trocas, acolhimento e aconchego, para garantir o bem-estar de crianças, adolescentes, jovens e adultos, no relacionamento entre todas as pessoas.

Art. 12. Cabe aos sistemas educacionais, em geral, definir o programa de escolas de tempo parcial diurno (matutino ou vespertino), tempo parcial noturno, e tempo integral (turno e contra-turno ou turno único com jornada escolar de 7 horas, no mínimo, durante todo o período letivo), tendo em vista a amplitude do papel socioeducativo atribuído ao conjunto orgânico da Educação Básica, o que requer outra organização e gestão do trabalho pedagógico.

§ 1º Deve-se ampliar a jornada escolar, em único ou diferentes espaços educativos, nos quais a permanência do estudante vincula-se tanto à quantidade e qualidade do tempo diário de escolarização quanto à diversidade de atividades de aprendizagens.

§ 2º A jornada em tempo integral com qualidade implica a necessidade da incorporação efetiva e orgânica, no currículo, de atividades e estudos pedagogicamente planejados e acompanhados.

§ 3º Os cursos em tempo parcial noturno devem estabelecer metodologia adequada às idades, à maturidade e à experiência de aprendizagens, para atenderem aos jovens e adultos em escolarização no tempo regular ou na modalidade de Educação de Jovens e Adultos.

Capítulo I

Formas para a organização curricular

Art. 13. O currículo, assumindo como referência os princípios educacionais garantidos à educação, assegurados no artigo 4º desta Resolução, configura-se como o conjunto de valores e práticas que proporcionam a produção, a socialização de significados no espaço social e contribuem intensamente para a construção de identidades socioculturais dos educandos.

§ 1º O currículo deve difundir os valores fundamentais do interesse social, dos direitos e deveres dos cidadãos, do respeito ao bem comum e à ordem democrática, considerando as condições de escolaridade dos estudantes em cada estabelecimento, a orientação para o trabalho, a promoção de práticas educativas formais e não formais.

§ 2º Na organização da proposta curricular, deve-se assegurar o entendimento de currículo como experiências escolares que se desdobram em torno do conhecimento, permeadas pelas relações sociais, articulando vivências e saberes dos estudantes com os conhecimentos historicamente acumulados e contribuindo para construir as identidades dos educandos.

§ 3º A organização do percurso formativo, aberto e contextualizado, deve ser construída em função das peculiaridades do meio e das características, interesses e necessidades dos estudantes, incluindo não só os componentes curriculares centrais obrigatórios, previstos na legislação e nas normas educacionais, mas outros, também, de modo flexível e variável, conforme cada projeto escolar, e assegurando:

I – concepção e organização do espaço curricular e físico que se imbriquem e alarguem, incluindo espaços, ambientes e equipamentos que não apenas as salas de aula da escola, mas, igualmente, os espaços de outras escolas e os socioculturais e esportivo-recreativos do entorno, da cidade e mesmo da região;

II – ampliação e diversificação dos tempos e espaços curriculares que pressuponham profissionais da educação dispostos a inventar e construir a escola de qualidade social, com responsabilidade compartilhada com as demais autoridades que respondem pela gestão dos órgãos do poder público, na busca de parcerias possíveis e necessárias, até porque educar é responsabilidade da família, do Estado e da sociedade;

III – escolha da abordagem didático-pedagógica disciplinar, pluridisciplinar, interdisciplinar ou transdisciplinar pela escola, que oriente o projeto político-pedagógico e resulte de pacto estabelecido entre os profissionais da escola, conselhos escolares e comunidade, subsidiando a organização da matriz curricular, a definição de eixos temáticos e a constituição de redes de aprendizagem;

IV – compreensão da matriz curricular entendida como propulsora de movimento, dinamismo curricular e educacional, de tal modo que os diferentes campos do conhecimento possam se coadunar com o conjunto de atividades educativas;

V – organização da matriz curricular entendida como alternativa operacional que embase a gestão do currículo escolar e represente subsídio para a gestão da escola (na organização do tempo e do espaço curricular, distribuição e controle do tempo dos trabalhos docentes), passo para uma gestão centrada na abordagem interdisciplinar, organizada por eixos temáticos, mediante interlocução entre os diferentes campos do conhecimento;

VI – entendimento de que eixos temáticos são uma forma de organizar o trabalho pedagógico, limitando a dispersão do conhecimento, fornecendo o cenário no qual se constroem objetos de estudo, propiciando a concretização da proposta pedagógica centrada na visão interdisciplinar, superando o isolamento das pessoas e a compartimentalização de conteúdos rígidos;

VII – estímulo à criação de métodos didático-pedagógicos utilizando-se recursos tecnológicos de informação e comunicação, a serem inseridos no cotidiano escolar, a fim de superar a distância entre estudantes que aprendem a receber informação com rapidez utilizando a linguagem digital e professores que dela ainda não se apropriaram;

VIII – constituição de rede de aprendizagem, entendida como um conjunto de ações didático-pedagógicas, com foco na aprendizagem e no gosto de aprender, subsidiada pela consciência de que o processo de comunicação entre estudantes e professores é efetivado por meio de práticas e recursos diversos;

IX – adoção de rede de aprendizagem, também, como ferramenta didático-pedagógica relevante nos programas de formação inicial e continuada de profissionais da educação, sendo que esta opção requer planejamento sistemático integrado estabelecido entre sistemas educativos ou conjunto de unidades escolares;

§ 4º A transversalidade é entendida como uma forma de organizar o trabalho didático-pedagógico em que temas e eixos temáticos são integrados às disciplinas e às áreas ditas convencionais, de forma a estarem presentes em todas elas.

§ 5º A transversalidade difere da interdisciplinaridade e ambas complementam-se, rejeitando a concepção de conhecimento que toma a realidade como algo estável, pronto e acabado.

§ 6º A transversalidade refere-se à dimensão didático-pedagógica, e a interdisciplinaridade, à abordagem epistemológica dos objetos de conhecimento.

Capítulo II

Formação básica comum e parte diversificada

Art. 14. A base nacional comum na Educação Básica constitui-se de conhecimentos, saberes e valores produzidos culturalmente, expressos nas políticas públicas e gerados nas instituições produtoras do conhecimento científico e tecnológico; no mundo do trabalho; no desenvolvimento das linguagens; nas atividades desportivas e corporais; na produção artística; nas formas diversas de exercício da cidadania; e nos movimentos sociais.

§ 1º Integram a base nacional comum nacional:

a. a Língua Portuguesa;

b. a Matemática;

c. o conhecimento do mundo físico, natural, da realidade social e política, especialmente do Brasil, incluindo-se o estudo da História e das Culturas Afro-Brasileira e Indígena;

d. a Arte, em suas diferentes formas de expressão, incluindo-se a música;

e. a Educação Física;

f. o Ensino Religioso.

§ 2º Tais componentes curriculares são organizados pelos sistemas educativos, em forma de áreas de conhecimento, disciplinas, eixos temáticos, preservando-se a especificidade dos diferentes campos do conhecimento, por meio dos quais se desenvolvem as habilidades indispensáveis ao exercício da cidadania, em ritmo compatível com as etapas do desenvolvimento integral do cidadão.

§ 3º A base nacional comum e a parte diversificada não podem se constituir em dois blocos distintos, com disciplinas específicas para cada uma dessas partes, mas devem ser organicamente planejadas e geridas de tal modo que as tecnologias de informação e comunicação perpassem transversalmente a proposta curricular, desde a Educação Infantil até o Ensino Médio, imprimindo direção aos projetos político-pedagógicos.

Art. 15. A parte diversificada enriquece e complementa a base nacional comum, prevendo o estudo das características regionais e locais da sociedade, da cultura, da economia e da comunidade escolar, perpassando todos os tempos e espaços curriculares constituintes do Ensino Fundamental e do Ensino Médio, independentemente do ciclo da vida no qual os sujeitos tenham acesso à escola.

§ 1º A parte diversificada pode ser organizada em temas gerais, na forma de eixos temáticos, selecionados colegiadamente pelos sistemas educativos ou pela unidade escolar.

§ 2º A LDB inclui o estudo de, pelo menos, uma língua estrangeira moderna na parte diversificada, cabendo sua escolha à comunidade escolar, dentro das possibilidades da escola, que deve considerar o atendimento das características locais, regionais, nacionais e transnacionais, tendo em vista as demandas do mundo do trabalho e da internacionalização de toda ordem de relações.

§ 3º A língua espanhola, por força da Lei nº 11.161/2005, é obrigatoriamente ofertada no Ensino Médio, embora facultativa para o estudante, bem como possibilitada no Ensino Fundamental, do 6º ao 9º ano.

Art. 16. Leis específicas, que complementam a LDB, determinam que sejam incluídos componentes não disciplinares, como temas relativos ao trânsito, ao meio ambiente e à condição e direitos do idoso.

Art. 17. No Ensino Fundamental e no Ensino Médio, destinar-se-ão, pelo menos, 20% do total da carga horária anual ao conjunto de programas e projetos interdisciplinares eletivos criados pela escola, previsto no projeto pedagógico, de modo que os estudantes do Ensino Fundamental e do Médio possam escolher aquele programa ou projeto com que se identifiquem e que lhes permitam melhor lidar com o conhecimento e a experiência.

§ 1º Tais programas e projetos devem ser desenvolvidos de modo dinâmico, criativo e flexível, em articulação com a comunidade em que a escola esteja inserida.

§ 2º A interdisciplinaridade e a contextualização devem assegurar a transversalidade do conhecimento de diferentes disciplinas e eixos temáticos, perpassando todo o currículo e propiciando a interlocução entre os saberes e os diferentes campos do conhecimento.

Título VI

Organização da Educação Básica

Art. 18. Na organização da Educação Básica, devem-se observar as Diretrizes Curriculares Nacionais comuns a todas as suas etapas, modalidades e orientações temáticas, respeitadas as suas especificidades e as dos sujeitos a que se destinam.

§ 1º As etapas e as modalidades do processo de escolarização estruturam-se de modo orgânico, sequencial e articulado, de maneira complexa, embora permanecendo individualizadas ao logo do percurso do estudante, apesar das mudanças por que passam:

I – a dimensão orgânica é atendida quando são observadas as especificidades e as diferenças de cada sistema educativo, sem perder o que lhes é comum: as semelhanças e as identidades que lhe são inerentes;

II – a dimensão sequencial compreende os processos educativos que acompanham as exigências de aprendizagens definidas em cada etapa do percurso formativo, contínuo e progressivo, da Educação

Básica até a Educação Superior, constituindo-se em diferentes e insubstituíveis momentos da vida dos educandos;

III – a articulação das dimensões orgânica e sequencial das etapas e das modalidades da Educação Básica, e destas com a Educação Superior, implica ação coordenada e integradora do seu conjunto.

§ 2º A transição entre as etapas da Educação Básica e suas fases requer formas de *articulação* das dimensões orgânica e sequencial que assegurem aos educandos, sem tensões e rupturas, a continuidade de seus processos peculiares de aprendizagem e desenvolvimento.

Art. 19. Cada etapa é delimitada por sua finalidade, seus princípios, objetivos e diretrizes educacionais, fundamentando-se na inseparabilidade dos conceitos referenciais: *cuidar e educar*, pois esta é uma concepção norteadora do projeto político-pedagógico elaborado e executado pela comunidade educacional.

Art. 20. O respeito aos educandos e a seus tempos mentais, socioemocionais, culturais e identitários é um princípio orientador de toda a ação educativa, sendo responsabilidade dos sistemas a criação de condições para que crianças, adolescentes, jovens e adultos, com sua diversidade, tenham a oportunidade de receber a formação que corresponda à idade própria de percurso escolar.

Capítulo I

Etapas da Educação Básica

Art. 21. São etapas correspondentes a diferentes momentos constitutivos do desenvolvimento educacional:

I – a Educação Infantil, que compreende: a Creche, englobando as diferentes etapas do desenvolvimento da criança até 3 (três) anos e 11 (onze) meses; e a Pré-Escola, com duração de 2 (dois) anos;

II – o Ensino Fundamental, obrigatório e gratuito, com duração de 9 (nove) anos, é organizado e tratado em duas fases: a dos 5 (cinco) anos iniciais e a dos 4 (quatro) anos finais;

III – o Ensino Médio, com duração mínima de 3 (três) anos.

Parágrafo único. Essas etapas e fases têm previsão de idades próprias, as quais, no entanto, são diversas quando se atenta para sujeitos com características que fogem à norma, como é o caso, entre outros:

I – de atraso na matrícula e/ou no percurso escolar;

II – de retenção, repetência e retorno de quem havia abandonado os estudos;

III – de portadores de deficiência limitadora;

IV – de jovens e adultos sem escolarização ou com esta incompleta;

V – de habitantes de zonas rurais;

VI – de indígenas e quilombolas;

VII – de adolescentes em regime de acolhimento ou internação, jovens e adultos em situação de privação de liberdade nos estabelecimentos penais.

Seção I

Educação Infantil

Art. 22. A Educação Infantil tem por objetivo o desenvolvimento integral da criança, em seus aspectos físico, afetivo, psicológico, intelectual, social, complementando a ação da família e da comunidade.

§ 1º As crianças provêm de diferentes e singulares contextos socioculturais, socioeconômicos e étnicos, por isso devem ter a oportunidade de ser acolhidas e respeitadas pela escola e pelos profissionais da educação, com base nos princípios da individualidade, igualdade, liberdade, diversidade e pluralidade.

§ 2º Para as crianças, independentemente das diferentes condições físicas, sensoriais, intelectuais, linguísticas, étnico-raciais, socioeconômicas, de origem, de religião, entre outras, as relações sociais e intersubjetivas no espaço escolar requerem a atenção intensiva dos profissionais da educação, durante o tempo de desenvolvimento das atividades que lhes são peculiares, pois este é o momento em que a curiosidade deve ser estimulada, a partir da brincadeira orientada pelos profissionais da educação.

§ 3º Os vínculos de família, dos laços de solidariedade humana e do respeito mútuo em que se assenta a vida social devem iniciar-se na Educação Infantil e sua intensificação deve ocorrer ao longo da Educação Básica.

§ 4º Os sistemas educativos devem envidar esforços promovendo ações a partir das quais as unidades de Educação Infantil sejam dotadas de condições para acolher as crianças, em estreita relação com a família, com agentes sociais e com a sociedade, prevendo programas e projetos em parceria, formalmente estabelecidos.

§ 5º A gestão da convivência e as situações em que se torna necessária a solução de problemas individuais e coletivos pelas crianças devem ser previamente programadas, com foco nas motivações estimuladas e orientadas pelos professores e demais profissionais da educação e outros de áreas pertinentes, respeitados os limites e as potencialidades de cada criança e os vínculos desta com a família ou com o seu responsável direto.

Seção II

Ensino Fundamental

Art. 23. O Ensino Fundamental com 9 (nove) anos de duração, de matrícula obrigatória para as crianças a partir dos 6 (seis) anos de idade, tem duas fases sequentes com características próprias, chamadas de anos iniciais, com 5 (cinco) anos de duração, em regra para estudantes de 6 (seis) a 10 (dez) anos de idade; e anos finais, com 4 (quatro) anos de duração, para os de 11 (onze) a 14 (quatorze) anos.

Parágrafo único. No Ensino Fundamental, acolher significa também cuidar e educar, como forma de garantir a aprendizagem dos conteúdos curriculares, para que o estudante desenvolva interesses e sensibilidades que lhe permitam usufruir dos bens culturais disponíveis na comunidade, na sua cidade ou na sociedade em geral, e que lhe possibilitem ainda sentir-se como produtor valorizado desses bens.

Art. 24. Os objetivos da formação básica das crianças, definidos para a Educação Infantil, prolongam-se durante os anos iniciais do Ensino Fundamental, especialmente no primeiro, e completam-se nos anos finais, ampliando e intensificando, gradativamente, o processo educativo, mediante:

I – desenvolvimento da capacidade de aprender, tendo como meios básicos o pleno domínio da leitura, da escrita e do cálculo;

II – foco central na alfabetização, ao longo dos 3 (três) primeiros anos;

III – compreensão do ambiente natural e social, do sistema político, da economia, da tecnologia, das artes, da cultura e dos valores em que se fundamenta a sociedade;

IV – o desenvolvimento da capacidade de aprendizagem, tendo em vista a aquisição de conhecimentos e habilidades e a formação de atitudes e valores;

V – fortalecimento dos vínculos de família, dos laços de solidariedade humana e de respeito recíproco em que se assenta a vida social.

Art. 25. Os sistemas estaduais e municipais devem estabelecer especial forma de colaboração visando à oferta do Ensino Fundamental e à articulação sequente entre a primeira fase, no geral assumida pelo Município, e a segunda, pelo Estado, para evitar obstáculos ao acesso de estudantes que se transfiram de uma rede para outra para completar esta escolaridade obrigatória, garantindo a organicidade e a totalidade do processo formativo do escolar.

Seção III

Ensino Médio

Art. 26. O Ensino Médio, etapa final do processo formativo da Educação Básica, é orientado por princípios e finalidades que preveem:

I – a consolidação e o aprofundamento dos conhecimentos adquiridos no Ensino Fundamental, possibilitando o prosseguimento de estudos;

II – a preparação básica para a cidadania e o trabalho, tomado este como princípio educativo, para continuar aprendendo, de modo a ser capaz de enfrentar novas condições de ocupação e aperfeiçoamento posteriores;

III – o desenvolvimento do educando como pessoa humana, incluindo a formação ética e estética, o desenvolvimento da autonomia intelectual e do pensamento crítico;

IV – a compreensão dos fundamentos científicos e tecnológicos presentes na sociedade contemporânea, relacionando a teoria com a prática.

§ 1º O Ensino Médio deve ter uma base unitária sobre a qual podem se assentar possibilidades diversas como preparação geral para o trabalho ou, facultativamente, para profissões técnicas; na ciência e na tecnologia, como iniciação científica e tecnológica; na cultura, como ampliação da formação cultural.

§ 2º A definição e a gestão do currículo inscrevem-se em uma lógica que se dirige aos jovens, considerando suas singularidades, que se situam em um tempo determinado.

§ 3º Os sistemas educativos devem prever currículos flexíveis, com diferentes alternativas, para que os jovens tenham a oportunidade de escolher o percurso formativo que atenda seus interesses, necessidades e aspirações, para que se assegure a permanência dos jovens na escola, com proveito, até a conclusão da Educação Básica.

Capítulo II

Modalidades da Educação Básica

Art. 27. A cada etapa da Educação Básica pode corresponder uma ou mais das modalidades de ensino: Educação de Jovens e Adultos, Educação Especial, Educação Profissional e Tecnológica, Educação do Campo, Educação Escolar Indígena e Educação a Distância.

Seção I

Educação de Jovens e Adultos

Art. 28. A Educação de Jovens e Adultos (EJA) destina-se aos que se situam na faixa etária superior à considerada própria, no nível de conclusão do Ensino Fundamental e do Ensino Médio.

§ 1º Cabe aos sistemas educativos viabilizar a oferta de cursos gratuitos aos jovens e aos adultos, proporcionando-lhes oportunidades educacionais apropriadas, consideradas as características do alunado, seus interesses, condições de vida e de trabalho, mediante cursos, exames, ações integradas e complementares entre si, estruturados em um projeto pedagógico próprio.

§ 2º Os cursos de EJA, preferencialmente tendo a Educação Profissional articulada com a Educação Básica, devem pautar-se pela flexibilidade, tanto de currículo quanto de tempo e espaço, para que seja(m):

I – rompida a simetria com o ensino regular para crianças e adolescentes, de modo a permitir percursos individualizados e conteúdos significativos para os jovens e adultos;

II – providos o suporte e a atenção individuais às diferentes necessidades dos estudantes no processo de aprendizagem, mediante atividades diversificadas;

III – valorizada a realização de atividades e vivências socializadoras, culturais, recreativas e esportivas, geradoras de enriquecimento do percurso formativo dos estudantes;

IV – desenvolvida a agregação de competências para o trabalho;

V – promovida a motivação e a orientação permanente dos estudantes, visando maior participação nas aulas e seu melhor aproveitamento e desempenho;

VI – realizada, sistematicamente, a formação continuada, destinada, especificamente, aos educadores de jovens e adultos.

Seção II

Educação Especial

Art. 29. A Educação Especial, como modalidade transversal a todos os níveis, etapas e modalidades de ensino, é parte integrante da educação regular, devendo ser prevista no projeto político-pedagógico da unidade escolar.

§ 1º Os sistemas de ensino devem matricular os estudantes com deficiência, transtornos globais do desenvolvimento e altas habilidades/superdotação nas classes comuns do ensino regular e no Atendimento Educacional Especializado (AEE), complementar ou suplementar à escolarização, ofertado em salas de recursos multifuncionais ou em centros de AEE da rede pública ou de instituições comunitárias, confessionais ou filantrópicas sem fins lucrativos.

§ 2º Os sistemas e as escolas devem criar condições para que o professor da classe comum possa explorar as potencialidades de todos os estudantes, adotando uma pedagogia dialógica, interativa, interdisciplinar e inclusiva e, na interface, o professor do AEE deve identificar habilidades e necessidades dos estudantes, organizar e orientar sobre os serviços e recursos pedagógicos e de acessibilidade para a participação e aprendizagem dos estudantes.

§ 3º Na organização desta modalidade, os sistemas de ensino devem observar as seguintes orientações fundamentais:

I – o pleno acesso e a efetiva participação dos estudantes no ensino regular;

II – a oferta do atendimento educacional especializado;

III – a formação de professores para o AEE e para o desenvolvimento de práticas educacionais inclusivas;

IV – a participação da comunidade escolar;

V – a acessibilidade arquitetônica, nas comunicações e informações, nos mobiliários e equipamentos e nos transportes;

VI – a articulação das políticas públicas intersetoriais.

Seção III
Educação Profissional e Tecnológica

Art. 30. A Educação Profissional e Tecnológica, no cumprimento dos objetivos da educação nacional, integra-se aos diferentes níveis e modalidades de educação e às dimensões do trabalho, da ciência e da tecnologia, e articula-se com o ensino regular e com outras modalidades educacionais: Educação de Jovens e Adultos, Educação Especial e Educação a Distância.

Art. 31. Como modalidade da Educação Básica, a Educação Profissional e Tecnológica ocorre na oferta de cursos de formação inicial e continuada ou qualificação profissional e nos de Educação Profissional Técnica de nível médio.

Art. 32. A Educação Profissional Técnica de nível médio é desenvolvida nas seguintes formas:

I – articulada com o Ensino Médio, sob duas formas:

a) integrada, na mesma instituição; ou

b) concomitante, na mesma ou em distintas instituições;

II – subsequente, em cursos destinados a quem já tenha concluído o Ensino Médio.

§ 1º Os cursos articulados com o Ensino Médio, organizados na forma integrada, são cursos de matrícula única, que conduzem os educandos à habilitação profissional técnica de nível médio ao mesmo tempo em que concluem a última etapa da Educação Básica.

§ 2º Os cursos técnicos articulados com o Ensino Médio, ofertados na forma concomitante, com dupla matrícula e dupla certificação, podem ocorrer:

I – na mesma instituição de ensino, aproveitando-se as oportunidades educacionais disponíveis;

II – em instituições de ensino distintas, aproveitando-se as oportunidades educacionais disponíveis;

III – em instituições de ensino distintas, mediante convênios de intercomplementaridade, com planejamento e desenvolvimento de projeto pedagógico unificado.

§ 3º São admitidas, nos cursos de Educação Profissional Técnica de nível médio, a organização e a estruturação em etapas que possibilitem qualificação profissional intermediária.

§ 4º A Educação Profissional e Tecnológica pode ser desenvolvida por diferentes estratégias de educação continuada, em instituições especializadas ou no ambiente de trabalho, incluindo os programas e cursos de aprendizagem, previstos na Consolidação das Leis do Trabalho (CLT).

Art. 33. A organização curricular da Educação Profissional e Tecnológica por eixo tecnológico fundamenta-se na identificação das tecnologias que se encontram na base de uma dada formação profissional e dos arranjos lógicos por elas constituídos.

Art. 34. Os conhecimentos e as habilidades adquiridos tanto nos cursos de Educação Profissional e Tecnológica, como os adquiridos na prática laboral pelos trabalhadores, podem ser objeto de avaliação, reconhecimento e certificação para prosseguimento ou conclusão de estudos.

Seção IV

Educação Básica do Campo

Art. 35. Na modalidade de Educação Básica do Campo, a educação para a população rural está prevista com adequações necessárias às peculiaridades da vida no campo e de cada região, definindo-se orientações para três aspectos essenciais à organização da ação pedagógica:

I – conteúdos curriculares e metodologias apropriadas às reais necessidades e interesses dos estudantes da zona rural;

II – organização escolar própria, incluindo adequação do calendário escolar às fases do ciclo agrícola e às condições climáticas;

III – adequação à natureza do trabalho na zona rural.

Art. 36. A identidade da escola do campo é definida pela vinculação com as questões inerentes à sua realidade, com propostas pedagógicas que contemplam sua diversidade em todos os aspectos, tais como sociais, culturais, políticos, econômicos, de gênero, geração e etnia.

Parágrafo único. Formas de organização e metodologias pertinentes à realidade do campo devem ter acolhidas, como a pedagogia da terra, pela qual se busca um trabalho pedagógico fundamentado no princípio da sustentabilidade, para assegurar a preservação da vida das futuras gerações, e a pedagogia da alternância, na qual o estudante participa, concomitante e alternadamente, de dois ambientes/ situações de aprendizagem: o escolar e o laboral, supondo parceria educativa, em que ambas as partes são corresponsáveis pelo aprendizado e pela formação do estudante.

Seção V

Educação Escolar Indígena

Art. 37. A Educação Escolar Indígena ocorre em unidades educacionais inscritas em suas terras e culturas, as quais têm uma realidade singular, requerendo pedagogia própria em respeito à especificidade étnico-cultural de cada povo ou comunidade e formação específica de seu quadro docente, observados os princípios constitucionais, a base nacional comum e os princípios que orientam a Educação Básica brasileira.

Parágrafo único. Na estruturação e no funcionamento das escolas indígenas, é reconhecida a sua condição de possuidores de normas e ordenamento jurídico próprios, com ensino intercultural e bilíngue, visando à valorização plena das culturas dos povos indígenas e à afirmação e manutenção de sua diversidade étnica.

Art. 38. Na organização de escola indígena, deve ser considerada a participação da comunidade, na definição do modelo de organização e gestão, bem como:

I – suas estruturas sociais;

II – suas práticas socioculturais e religiosas;

III – suas formas de produção de conhecimento, processos próprios e métodos de ensino-aprendizagem;

IV – suas atividades econômicas;

V – edificação de escolas que atendam aos interesses das comunidades indígenas;

VI – uso de materiais didático-pedagógicos produzidos de acordo com o contexto sociocultural de cada povo indígena.

Seção VI

Educação a Distância

Art. 39. A modalidade Educação a Distância caracteriza-se pela mediação didático-pedagógica nos processos de ensino e aprendizagem que ocorre com a utilização de meios e tecnologias de informação e comunicação, com estudantes e professores desenvolvendo atividades educativas em lugares ou tempos diversos.

Art. 40. O credenciamento para a oferta de cursos e programas de Educação de Jovens e Adultos, de Educação Especial e de Educação Profissional Técnica de nível médio e Tecnológica, na modalidade a distância, compete aos sistemas estaduais de ensino, atendidas a regulamentação federal e as normas complementares desses sistemas.

Seção VII

Educação Escolar Quilombola

Art. 41. A Educação Escolar Quilombola é desenvolvida em unidades educacionais inscritas em suas terras e cultura, requerendo pedagogia própria em respeito à especificidade étnico-cultural de cada comunidade e formação específica de seu quadro docente, observados os princípios constitucionais, a base nacional comum e os princípios que orientam a Educação Básica brasileira.

Parágrafo único. Na estruturação e no funcionamento das escolas quilombolas, bem com nas demais, deve ser reconhecida e valorizada a diversidade cultural.

Título VII

Elementos constitutivos para a organização das Diretrizes Curriculares Nacionais Gerais para a Educação Básica

Art. 42. São elementos constitutivos para a operacionalização destas Diretrizes o projeto político-pedagógico e o regimento escolar; o sistema de avaliação; a gestão democrática e a organização da escola; o professor e o programa de formação docente.

Capítulo I

O projeto político-pedagógico e o regimento escolar

Art. 43. O projeto político-pedagógico, interdependentemente da autonomia pedagógica, administrativa e de gestão financeira da instituição educacional, representa mais do que um documento, sendo um dos meios de viabilizar a escola democrática para todos e de qualidade social.

§ 1º A autonomia da instituição educacional baseia-se na busca de sua identidade, que se expressa na construção de seu projeto pedagógico e do seu regimento escolar, enquanto manifestação de seu ideal de educação e que permite uma nova e democrática ordenação pedagógica das relações escolares.

§ 2º Cabe à escola, considerada a sua identidade e a de seus sujeitos, articular a formulação do projeto político-pedagógico com os planos de educação – nacional, estadual, municipal –, o contexto em que a escola se situa e as necessidades locais e de seus estudantes.

§ 3º A missão da unidade escolar, o papel socioeducativo, artístico, cultural, ambiental, as questões de gênero, etnia e diversidade cultural que compõem as ações educativas, a organização e a gestão curricular são componentes integrantes do projeto político-pedagógico, devendo ser previstas as prioridades institucionais que a identificam, definindo o conjunto das ações educativas próprias das etapas da Educação Básica assumidas, de acordo com as especificidades que lhes correspondam, preservando a sua articulação sistêmica.

Art. 44. O projeto político-pedagógico, instância de construção coletiva que respeita os sujeitos das aprendizagens, entendidos como cidadãos com direitos à proteção e à participação social, deve contemplar:

I – o diagnóstico da realidade concreta dos sujeitos do processo educativo, contextualizados no espaço e no tempo;

II – a concepção sobre educação, conhecimento, avaliação da aprendizagem e mobilidade escolar;

III – o perfil real dos sujeitos – crianças, jovens e adultos – que justificam e instituem a vida da e na escola, do ponto de vista intelectual, cultural, emocional, afetivo, socioeconômico, como base da reflexão sobre as relações vida-conhecimento-cultura-professor-estudante e instituição escolar;

IV – as bases norteadoras da organização do trabalho pedagógico;

V – a definição de qualidade das aprendizagens e, por consequência, da escola, no contexto das desigualdades que se refletem na escola;

VI – os fundamentos da gestão democrática, compartilhada e participativa (órgãos colegiados e de representação estudantil);

VII – o programa de acompanhamento de acesso, de permanência dos estudantes e de superação da retenção escolar;

VIII – o programa de formação inicial e continuada dos profissionais da educação, regentes e não regentes;

IX – as ações de acompanhamento sistemático dos resultados do processo de avaliação interna e externa (Sistema de Avaliação da Educação Básica – SAEB, Prova Brasil, dados estatísticos, pesquisas sobre os sujeitos da Educação Básica), incluindo dados referentes ao IDEB e/ou que complementem ou substituam os desenvolvidos pelas unidades da federação e outros;

X – a concepção da organização do espaço físico da instituição escolar de tal modo que este seja compatível com as características de seus sujeitos, que atenda as normas de acessibilidade, além da natureza e das finalidades da educação, deliberadas e assumidas pela comunidade educacional.

Art. 45. O regimento escolar, discutido e aprovado pela comunidade escolar e conhecido por todos, constitui-se em um dos instrumentos de execução do projeto político-pedagógico, com transparência e responsabilidade.

Parágrafo único. O regimento escolar trata da natureza e da finalidade da instituição, da relação da gestão democrática com os órgãos colegiados, das atribuições de seus órgãos e sujeitos, das suas normas pedagógicas, incluindo os critérios de acesso, promoção, mobilidade do estudante, dos direitos e deveres dos seus sujeitos: estudantes, professores, técnicos e funcionários, gestores, famílias, representação estudantil e função das suas instâncias colegiadas.

Capítulo II

Avaliação

Art. 46. A avaliação no ambiente educacional compreende 3 (três) dimensões básicas:

I – avaliação da aprendizagem;

II – avaliação institucional interna e externa;

III – avaliação de redes de Educação Básica.

Seção I

Avaliação da aprendizagem

Art. 47. A avaliação da aprendizagem baseia-se na concepção de educação que norteia a relação professor-estudante-conhecimento-vida em movimento, devendo ser um ato reflexo de reconstrução da prática pedagógica avaliativa, premissa básica e fundamental para se questionar o educar, transformando a mudança em ato, acima de tudo, político.

§ 1º A validade da avaliação, na sua função diagnóstica, liga-se à aprendizagem, possibilitando o aprendiz a recriar, refazer o que aprendeu, criar, propor e, nesse contexto, aponta para uma avaliação global, que vai além do aspecto quantitativo, porque identifica o desenvolvimento da autonomia do estudante, que é indissociavelmente ético, social, intelectual.

§ 2º Em nível operacional, a avaliação da aprendizagem tem, como referência, o conjunto de conhecimentos, habilidades, atitudes, valores e emoções que os sujeitos do processo educativo projetam para si de modo integrado e articulado com aqueles princípios definidos para a Educação Básica, redimensionados para cada uma de suas etapas, bem assim no projeto político-pedagógico da escola.

§ 3º A avaliação na Educação Infantil é realizada mediante acompanhamento e registro do desenvolvimento da criança, sem o objetivo de promoção, mesmo em se tratando de acesso ao Ensino Fundamental.

§ 4º A avaliação da aprendizagem no Ensino Fundamental e no Ensino Médio, de caráter formativo predominando sobre o quantitativo e classificatório, adota uma estratégia de progresso individual e contínuo que favorece o crescimento do educando, preservando a qualidade necessária para a sua formação escolar, sendo organizada de acordo com regras comuns a essas duas etapas.

Seção II

Promoção, aceleração de estudos e classificação

Art. 48. A promoção e a classificação no Ensino Fundamental e no Ensino Médio podem ser utilizadas em qualquer ano, série, ciclo, módulo ou outra unidade de percurso adotada, exceto na primeira do Ensino Fundamental, alicerçando-se na orientação de que a avaliação do rendimento escolar observará os seguintes critérios:

I – avaliação contínua e cumulativa do desempenho do estudante, com prevalência dos aspectos qualitativos sobre os quantitativos e dos resultados ao longo do período sobre os de eventuais provas finais;

II – possibilidade de aceleração de estudos para estudantes com atraso escolar;

III – possibilidade de avanço nos cursos e nas séries mediante verificação do aprendizado;

IV – aproveitamento de estudos concluídos com êxito;

V – oferta obrigatória de apoio pedagógico destinado à recuperação contínua e concomitante de aprendizagem de estudantes com déficit de rendimento escolar, a ser previsto no regimento escolar.

Art. 49. A aceleração de estudos destina-se a estudantes com atraso escolar, àqueles que, por algum motivo, encontram-se em descompasso de idade, por razões como ingresso tardio, retenção, dificuldades no processo de ensino-aprendizagem ou outras.

Art. 50. A progressão pode ser regular ou parcial, sendo que esta deve preservar a sequência do currículo e observar as normas do respectivo sistema de ensino, requerendo o redesenho da organização das ações pedagógicas, com previsão de horário de trabalho e espaço de atuação para professor e estudante, com conjunto próprio de recursos didático-pedagógicos.

Art. 51. As escolas que utilizam organização por série podem adotar, no Ensino Fundamental, sem prejuízo da avaliação do processo ensino-aprendizagem, diversas formas de progressão, inclusive a de progressão continuada, jamais entendida como promoção automática, o que supõe tratar o conhecimento como processo e vivência que não se harmoniza com a ideia de interrupção, mas sim de construção, em que o estudante, enquanto sujeito da ação, está em processo contínuo de formação, construindo significados.

Seção III

Avaliação institucional

Art. 52. A avaliação institucional interna deve ser prevista no projeto político-pedagógico e detalhada no plano de gestão, realizada anualmente, levando em consideração as orientações contidas na regulamentação vigente, para rever o conjunto de objetivos e metas a serem concretizados, mediante ação dos diversos segmentos da comunidade educativa, o que pressupõe delimitação de indicadores compatíveis com a missão da escola, além de clareza quanto ao que seja qualidade social da aprendizagem e da escola.

Seção IV

Avaliação de redes de Educação Básica

Art. 53. A avaliação de redes de Educação Básica ocorre periodicamente, é realizada por órgãos externos à escola e engloba os resultados da avaliação institucional, sendo que os resultados dessa avaliação sinalizam para a sociedade se a escola apresenta qualidade suficiente para continuar funcionando como está.

Capítulo III

Gestão democrática e organização da escola

Art. 54. É pressuposto da organização do trabalho pedagógico e da gestão da escola conceber a organização e a gestão das pessoas, do espaço, dos processos e procedimentos que viabilizam o trabalho expresso no projeto político-pedagógico e em planos da escola, em que se conformam as condições de trabalho definidas pelas instâncias colegiadas.

§ 1º As instituições, respeitadas as normas legais e as do seu sistema de ensino, têm incumbências complexas e abrangentes, que exigem outra concepção de organização do trabalho pedagógico, como distribuição da carga horária, remuneração, estratégias claramente definidas para a ação didático-pedagógica coletiva que inclua a pesquisa, a criação de novas abordagens e práticas metodológicas, incluindo a produção de recursos didáticos adequados às condições da escola e da comunidade em que esteja ela inserida.

§ 2º É obrigatória a gestão democrática no ensino público e prevista, em geral, para todas as instituições de ensino, o que implica decisões coletivas que pressupõem a participação da comunidade escolar na gestão da escola e a observância dos princípios e finalidades da educação.

§ 3º No exercício da gestão democrática, a escola deve se empenhar para constituir-se em espaço das diferenças e da pluralidade, inscrita na diversidade do processo tornado possível por meio de relações intersubjetivas, cuja meta é a de se fundamentar em princípio educativo emancipador, expresso na liberdade de aprender, ensinar, pesquisar e divulgar a cultura, o pensamento, a arte e o saber.

Art. 55. A gestão democrática constitui-se em instrumento de horizontalização das relações, de vivência e convivência colegiada, superando o autoritarismo no planejamento e na concepção e organização curricular, educando para a conquista da cidadania plena e fortalecendo a ação conjunta que busca criar e recriar o trabalho da e na escola mediante:

I – a compreensão da globalidade da pessoa, enquanto ser que aprende, que sonha e ousa, em busca de uma convivência social libertadora fundamentada na ética cidadã;

II – a superação dos processos e procedimentos burocráticos, assumindo com pertinência e relevância: os planos pedagógicos, os objetivos institucionais e educacionais, e as atividades de avaliação contínua;

III – a prática em que os sujeitos constitutivos da comunidade educacional discutam a própria práxis pedagógica impregnando-a de entusiasmo e de compromisso com a sua própria comunidade, valorizando-a, situando-a no contexto das relações sociais e buscando soluções conjuntas;

IV – a construção de relações interpessoais solidárias, geridas de tal modo que os professores se sintam estimulados a conhecer melhor os seus pares (colegas de trabalho, estudantes, famílias), a expor as suas ideias, a traduzir as suas dificuldades e expectativas pessoais e profissionais;

V – a instauração de relações entre os estudantes, proporcionando-lhes espaços de convivência e situações de aprendizagem, por meio dos quais aprendam a se compreender e se organizar em equipes de estudos e de práticas esportivas, artísticas e políticas;

VI – a presença articuladora e mobilizadora do gestor no cotidiano da escola e nos espaços com os quais a escola interage, em busca da qualidade social das aprendizagens que lhe caiba desenvolver, com transparência e responsabilidade.

Capítulo IV

O professor e a formação inicial e continuada

Art. 56. A tarefa de cuidar e educar, que a fundamentação da ação docente e os programas de formação inicial e continuada dos profissionais da educação instauram, reflete-se na eleição de um ou outro método de aprendizagem, a partir do qual é determinado o perfil de docente para a Educação Básica, em atendimento às dimensões técnicas, políticas, éticas e estéticas.

§ 1º Para a formação inicial e continuada, as escolas de formação dos profissionais da educação, sejam gestores, professores ou especialistas, deverão incluir em seus currículos e programas:

a. o conhecimento da escola como organização complexa que tem a função de promover a educação para e na cidadania;

b. a pesquisa, a análise e a aplicação dos resultados de investigações de interesse da área educacional;

c. a participação na gestão de processos educativos e na organização e funcionamento de sistemas e instituições de ensino;

d. a temática da gestão democrática, dando ênfase à construção do projeto político-pedagógico, mediante trabalho coletivo de que todos os que compõem a comunidade escolar são responsáveis.

Art. 57. Entre os princípios definidos para a educação nacional está a valorização do profissional da educação, com a compreensão de que valorizá-lo é valorizar a escola, com qualidade gestorial, educativa, social, cultural, ética, estética, ambiental.

§ 1º A valorização do profissional da educação escolar vincula-se à obrigatoriedade da garantia de qualidade e ambas se associam à exigência de programas de formação inicial e continuada de docentes e não docentes, no contexto do conjunto de múltiplas atribuições definidas para os sistemas educativos, em que se inscrevem as funções do professor.

§ 2º Os programas de formação inicial e continuada dos profissionais da educação, vinculados às orientações destas Diretrizes, devem prepará-los para o desempenho de suas atribuições, considerando necessário:

a. além de um conjunto de habilidades cognitivas, saber pesquisar, orientar, avaliar e elaborar propostas, isto é, interpretar e reconstruir o conhecimento coletivamente;

b. trabalhar cooperativamente em equipe;

c. compreender, interpretar e aplicar a linguagem e os instrumentos produzidos ao longo da evolução tecnológica, econômica e organizativa;

d. desenvolver competências para integração com a comunidade e para relacionamento com as famílias.

Art. 58. A formação inicial, nos cursos de licenciatura, não esgota o desenvolvimento dos conhecimentos, saberes e habilidades referidas, razão pela qual um programa de formação continuada dos profissionais da educação será contemplado no projeto político-pedagógico.

Art. 59. Os sistemas educativos devem instituir orientações para que o projeto de formação dos profissionais preveja:

a. a consolidação da identidade dos profissionais da educação, nas suas relações com a escola e com o estudante;

b. a criação de incentivos para o resgate da imagem social do professor, assim como da autonomia docente tanto individual como coletiva;

c. a definição de indicadores de qualidade social da educação escolar, a fim de que as agências formadoras de profissionais da educação revejam os projetos dos cursos de formação inicial e continuada de docentes, de modo que correspondam às exigências de um projeto de Nação.

Art. 60. Esta Resolução entrará em vigor na data de sua publicação.

Francisco Aparecido Cordão

Anexo II

Diretrizes Curriculares Nacionais específicas por etapas e modalidades

Apresentamos, a seguir, os *sites* das principais Diretrizes Curriculares Nacionais para que você, estudante e leitor, possa acessá-los e conhecer essas diretrizes.

Educação Básica

Parecer CNE/CEB nº 7, aprovado em 7 de abril de 2010.

Diretrizes Curriculares Nacionais Gerais para a Educação Básica.

Disponível em: <http://portal.mec.gov.br/index.php?option=com_docman&task=doc_download&gid=5367&Itemid=>. Acesso em: 13 out. 2011.

Resolução CNE/CEB nº 4, de 13 de julho de 2010.

Define Diretrizes Curriculares Nacionais Gerais para a Educação Básica.

Disponível em: <http://portal.mec.gov.br/index.php?option=com_docman&task=doc_download&gid=6704&Itemid=>. Acesso em: 13 out. 2011.

Educação das Relações Étnico-Raciais

Parecer CNE/CP nº 3, de 10 de março de 2004.

Institui as Diretrizes Curriculares Nacionais para a Educação das Relações Étnico-Raciais e para o Ensino de História e Cultura Afro-Brasileira e Africana.

Disponível em: <http://portal.mec.gov.br/cne/arquivos/pdf/003.pdf>. Acesso em: 13 out. 2011.

Resolução CNE/CP nº 1, de 17 de junho de 2004.

Institui as Diretrizes Curriculares Nacionais para a Educação das Relações Étnico-Raciais e para o Ensino de História e Cultura Afro-Brasileira e Africana.

Disponível em: <http://portal.mec.gov.br/cne/arquivos/pdf/res012004.pdf>. Acesso em: 13 out. 2011.

Educação de Jovens e Adultos

Parecer CNE/CEB nº 11, aprovado em 10 de maio de 2000.

Dispõe sobre as Diretrizes Curriculares Nacionais para a Educação de Jovens e Adultos.

Disponível em: <http://portal.mec.gov.br/arquivos/pdf/pceb011_00.pdf>. Acesso em: 13 out. 2011.

Resolução CNE/CEB nº 1, de 5 de julho de 2000.

Estabelece as Diretrizes Curriculares Nacionais para a Educação de Jovens e Adultos.

Disponível em: <http://portal.mec.gov.br/cne/arquivos/pdf/CEB012000.pdf>. Acesso em: 13 out. 2011.

Parecer CNE/CEB nº 6, aprovado em 7 de abril de 2010.

Reexame do Parecer CNE/CEB nº 23/2008, que institui as Diretrizes Operacionais para a Educação de Jovens e Adultos – EJA, nos aspectos relativos à duração dos cursos e à idade mínima para ingresso nos cursos de EJA; idade mínima e certificação nos exames de EJA; e Educação de Jovens e Adultos, desenvolvida por meio da Educação a Distância.

Disponível em: <http://portal.mec.gov.br/index.php?option=com_docman&task=doc_download&gid=5366&Itemid=>. Acesso em: 13 out. 2011.

Resolução CNE/CEB nº 3, de 15 de junho de 2010.

Institui as Diretrizes Operacionais para a Educação de Jovens e Adultos nos aspectos relativos à duração dos cursos e à idade mínima para ingresso nos cursos de EJA; idade mínima e certificação nos exames de EJA; e Educação de Jovens e Adultos desenvolvida por meio da Educação a Distância.

Disponível em: <http://portal.mec.gov.br/index.php?option=com_docman&task=doc_download&gid=5642&Itemid=>. Acesso em: 13 out. 2011.

Educação do Campo

Parecer CNE/CEB nº 36, aprovado em 4 de dezembro de 2001.

Diretrizes Operacionais para a Educação Básica nas Escolas do Campo.

Disponível em: <http://portal.mec.gov.br/cne/arquivos/pdf/EducCampo01.pdf>. Acesso em: 13 out. 2011.

Resolução CNE/CEB nº 1, de 3 de abril de 2002.

Institui as Diretrizes Operacionais para a Educação Básica nas Escolas do Campo.

Disponível em: <http://portal.mec.gov.br/cne/pdf/CEB012002.pdf>. Acesso em: 13 out. 2011.

Educação nas Prisões

Parecer CNE/CEB nº 4, aprovado em 9 de março de 2010.

Diretrizes Nacionais para a oferta de educação para jovens e adultos em situação de privação de liberdade nos estabelecimentos penais.

Disponível em: <http://portal.mec.gov.br/index.php?option=com_docman&task=doc_download&gid=4445&Itemid=>. Acesso em: 13 out. 2011.

Resolução CNE/CEB nº 2, de 19 de maio de 2010.

Dispõe sobre as Diretrizes Nacionais para a oferta de educação para jovens e adultos em situação de privação de liberdade nos estabelecimentos penais.

Disponível em: <http://portal.mec.gov.br/index.php?option=com_docman&task=doc_download&gid=5142&Itemid=>. Acesso em: 13 out. 2011.

Educação Especial

Parecer CNE/CEB nº 17, aprovado em 3 de julho de 2001.

Diretrizes Nacionais para a Educação Especial na Educação Básica.

Disponível em: <http://portal.mec.gov.br/cne/arquivos/pdf/CEB017_2001.pdf>. Acesso em: 13 out. 2011.

Resolução CNE/CEB nº 2, de 11 de setembro de 2001.

Institui as Diretrizes Nacionais para a Educação Especial na Educação Básica.

Disponível em: <http://portal.mec.gov.br/cne/arquivos/pdf/CEB0201.pdf>. Acesso em: 13 out. 2011.

Parecer CNE/CEB nº 13, aprovado em 3 de junho de 2009.

Diretrizes Operacionais para o atendimento educacional especializado na Educação Básica, modalidade Educação Especial.

Disponível em: <http://portal.mec.gov.br/dmdocuments/pceb013_09_homolog.pdf>. Acesso em: 13 out. 2011.

Resolução CNE/CEB nº 4, de 2 de outubro de 2009.

Institui as Diretrizes Operacionais para o Atendimento Educacional Especializado na Educação Básica, modalidade Educação Especial.

Disponível em: <http://portal.mec.gov.br/dmdocuments/rceb004_09.pdf>. Acesso em: 13 out. 2011.

Educação Indígena

Parecer CNE/CEB nº 14, aprovado em 14 de setembro de 1999.

Dispõe sobre as Diretrizes Nacionais para o funcionamento das escolas indígenas.

Disponível em: <http://portal.mec.gov.br/cne/arquivos/pdf/1999/pceb014_99.pdf>. Acesso em: 13 out. 2011.

Resolução CEB nº 3, de 10 de novembro de 1999.

Fixa as Diretrizes Nacionais para o funcionamento das escolas indígenas e dá outras providências.

Disponível em: <http://portal.mec.gov.br/cne/arquivos/pdf/CEB0399.pdf>. Acesso em: 13 out. 2011.

Educação Infantil

Resolução CNE/CEB nº 5, de 17 de dezembro de 2009.

Fixa as Diretrizes Curriculares Nacionais para a Educação Infantil.

Disponível em: <http://portal.mec.gov.br/index.php?option=com_docman&task=doc_download&gid=2298&Itemid=>. Acesso em: 13 out. 2011.

Ensino Fundamental

Parecer CNE/CEB nº 11, aprovado em 7 de julho de 2010.

Diretrizes Curriculares Nacionais para o Ensino Fundamental de 9 (nove) anos.

Disponível em: <http://portal.mec.gov.br/index.php?option=com_docman&task=doc_download&gid=6324&Itemid=>. Acesso em: 13 out. 2011.

Resolução CNE/CEB nº 7, de 14 de dezembro de 2010.

Fixa as Diretrizes Curriculares Nacionais para o Ensino Fundamental de 9 (nove) anos.

Disponível em: <http://portal.mec.gov.br/index.php?option=com_docman&task=doc_download&gid=7246&Itemid=>. Acesso em: 13 out. 2011.

Ensino Médio

Parecer CNE/CEB nº 5, aprovado em 5 de maio de 2011.

Diretrizes Curriculares Nacionais para o Ensino Médio.

Disponível em: <http://portal.mec.gov.br/index.php?option=com_docman&task=doc_download&gid=8016&Itemid=>. Acesso em: 13 out. 2011.

Os documentos anteriores encontram-se disponíveis em: <http://portal.mec.gov.br/index.php?option=com_content&view=article&id=12992:diretrizes-para-a-educacao-basica&catid=323:orgaos-vinculados>. Acesso em: 13 out. 2011.

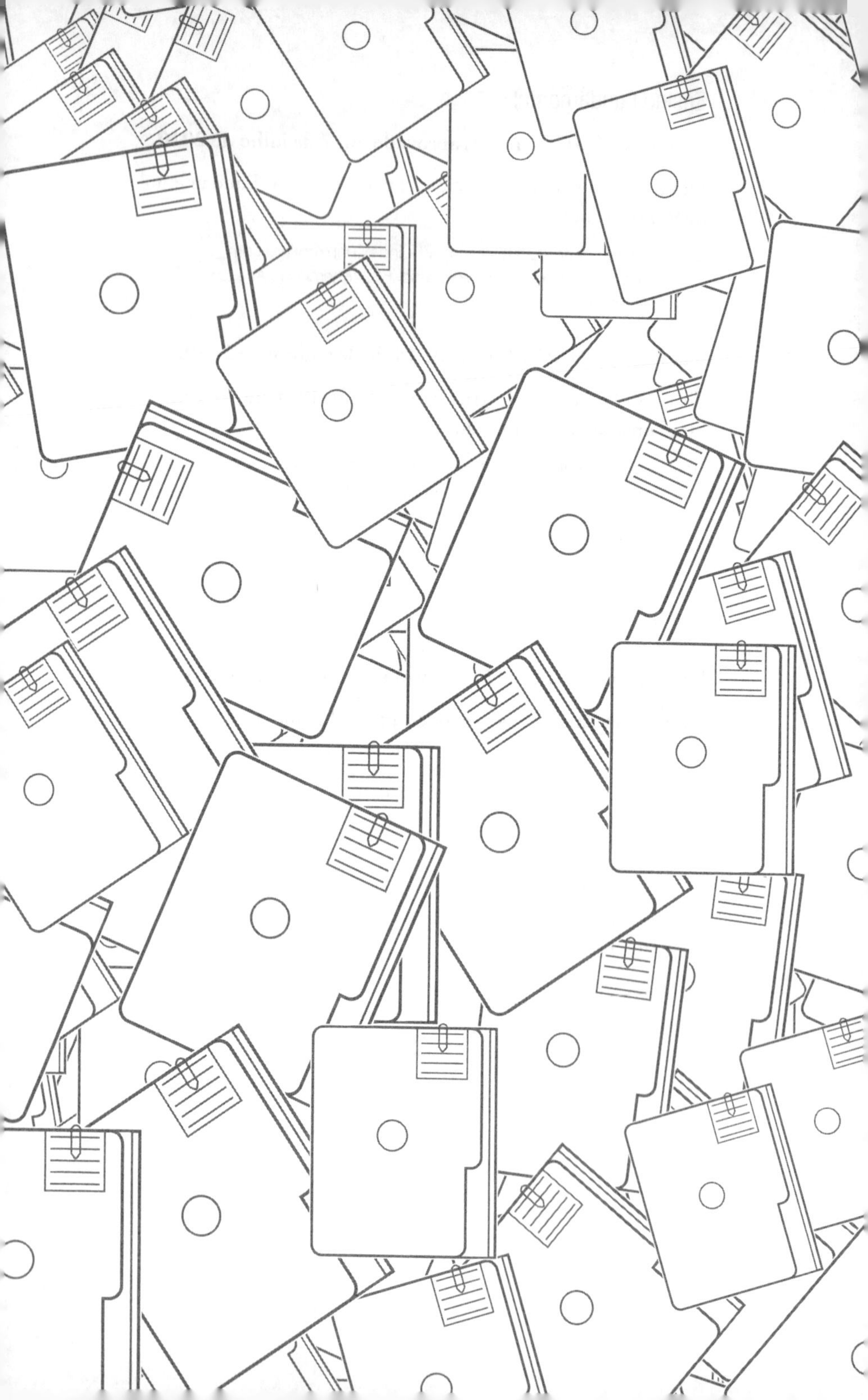

Respostas

Capítulo 1

1. F, F, V, F
2. c
3. F, V, V, V
4. c
5. c

Capítulo 2

1. V, V, F, V
2. c
3. a
4. V, F, V, V
5. c

Capítulo 3

1. F, V, F, V
2. V, F, F, V
3. F, V, F, V
4. d
5. c

Capítulo 4

1. F, V, V, V
2. c
3. b
4. V, F, V, V
5. d

Respostas

Nota sobre a autora

Monica Ribeiro da Silva possui licenciatura plena em Pedagogia, com habilitação em Administração Escolar (1988), pela Universidade Estadual Paulista Júlio de Mesquita Filho (Unesp), Campus de Araraquara; mestrado em Educação (1992) pela Universidade Federal de São Carlos (UFSCar), com a dissertação *Educação, trabalho e indústria no Brasil dos anos 1940*; e doutorado em Educação: História, Política e Ciências Sociais (2003) pela Pontifícia Universidade Católica de São Paulo (PUCSP), com a tese *Competências: a pedagogia do novo ensino médio*. É professora da Universidade Federal do Paraná (UFPR) nos cursos de formação de professores e no programa de pós-graduação em educação.

Os papéis utilizados neste livro, certificados por instituições ambientais competentes, são recicláveis, provenientes de fontes renováveis e, portanto, um meio responsável e natural de informação e conhecimento.

FSC
www.fsc.org
MISTO
Papel produzido a partir de fontes responsáveis
FSC® C107644

Impressão: Gráfica Mona
Dezembro/2017